● Prehistory of Toyota's Motorsports Activities
Covering mainly Toyopet Racer and Mobilgas Rally (Round Australia)
1951–1961

トヨタ モータースポーツ前史

トヨペット・レーサー、豪州一周ラリーを中心として

昭和26年（1951年）－昭和36年（1961年）

元トヨタ博物館・モータースポーツ部
松本秀夫
Hideo Matsumoto

MIKI PRESS
三樹書房

序文にかえて

　この書は、トヨタモータースポーツの草分けの頃の活動について書かれたもので、不明だった史実を明らかにして、まとめられたものである。

　トヨタは戦後、乗用車の生産再開に乗り出すが、厳しい経営環境は労働争議をもたらし、当時の社長の豊田喜一郎氏は退任した。喜一郎氏は自動車の欠陥を速やかに改善するためにはオートレースが一番有効であり、これは日本の自動車産業の発展に寄与するものであると考えた。そして喜一郎氏と同時に副社長を退任した隈部一雄氏がクマベ研究所を作り、設計製作を担当し苦労を重ねトヨペット・レーサー(改良型)を完成させる。この頃の様子が史実に基づいてリアルに書かれており、先達の深い思慮と熱意が感じられ胸が熱くなる。

　その後ようやくクラウンを世に出した2年後「豪州一周ラリー」に参加する。このラリーは政府から国際親善のため是非にとの要請があったもので、過酷な道を19日かけて17,000km走行するという世界的なラリーであった。クラウンでは無理かもしれないとの意見もあったが、当時のトヨタ自販の神谷社長は失敗を恐れていては進歩はないと参加の決断をする。

　ドライバーには東京トヨペットの神之村邦夫氏、トヨタ自販の近藤幸次郎氏が選ばれ、命がけで走る覚悟で参戦する。見事完走を果たし、クラウンの堅牢性を世に示したのみならず走行中他のチームの故障修理やコースアウトした車両の救出を行なった。戦後の対日感情の良くないとき、この友愛精神は絶賛され国際親善に大いに貢献した。

　何事もはじめて挑戦する人々には筆舌に尽くせない苦労と苦悩がある。まさに命がけの挑戦であり、その成果や熱い思いを正しく理解し、後世に伝えていかねばならない。

　著者の松本秀夫氏は歴史保存は必須事項と説く。今回の執筆にあたり10年以上の歳月をかけ、膨大な資料、多くの先達への取材から苦労を重ね史実を発掘してこの書の完結に至った。

　成功したことも失敗に終わったことも、正確に遺品や資料で保存しておくことは大変重要なことと思う。後輩は先輩から多く事を学ぶことにより新しいものを創造し、次の世代につないでいくことができる。

　モータースポーツは非常に高度な専門集団および個人の能力の限界へ挑戦する行動である。技術、技能、マネジメントにおいて人は強い精神力(情熱、執念、勇気、謙虚さなど)をもって未知の世界へ挑戦していかねばならない。何事においても同じであるが、死力を尽くして戦うからこそ感動と夢を人々に与える所以と思う。

　第5章に松本氏が書いた詩が載せられている。この詩は関係者を激励し、奮い立たせてきた。私は人生への応援歌だと思っている。モータースポーツは人生の縮図と思うからである。

　著者の病気と闘いながらの長年の尽力と情熱に心からの敬意と、深い感謝を申しあげる。

加藤伸一(トヨタ自動車株式会社　顧問)

はじめに

　本書の狙いは、トヨタのモータースポーツ活動の黎明期、1950年～1960年にかけての史実と当事者たちの思いを発掘し、後世に継承することである。

　日本のモータースポーツの幕開けとされる第1回日本グランプリ(1963年)のひと昔前、トヨタがモータースポーツの黎明期にあったことはあまり知られていない。当時、トヨタはトヨペット・レーサー、豪州一周ラリー、日本一周読売ラリー、中日ラリー等に深く関わったが、従来、これらの活動に関する社内外の認知度は極めて低く、ほとんど忘れられた存在であった。

　『トヨタ自動車75年史』(トヨタ公式サイト　2012年11月2日)にも、記載はほとんどなく、かろうじて豪州一周ラリーが、「資料で見る75年の歩み」に年表の「補足解説」として、200字程度が掲載されているにすぎない。

　もとより、先人たちの事績を無批判に受け止める必要などないが、歴史や先人たちの足跡や想いに無知・無関心であることは許されない。なぜなら、現在の自分たちも疑いもなく、その過去とこれからの未来に不可分につながっているからである。

　本書の序章では、第1回日本グランプリ以前の、トヨタモータースポーツの前史を考察し、第1章から第3章に、各プロジェクトの詳細を記述した。これらは、筆者がトヨタ自動車に在職中、『トヨタ博物館紀要』他に公表してきた10数件の論考等を、改めて原資料に当たって見直し、再構成したものである。

　第4章には、筆者が長年「歴史保存」に携わる中で、考えてきたことを集約した。

　「歴史保存」は、現在、必ずしも多くの人たちにその重要性が認識されているとは思われない。本書が、このような現状に一石を投じる助けになれば、幸いである。

　第5章には、モータースポーツに関わった先人の方々が残した言葉などを、後世に伝えるべき記録として書き留めた。何もしなければ、誰に知られることもなく、忘れ去られてしまうことを憂えたからである。

　執筆に当たっては、当時の資料をなるべく正確な形で継承するため、必然的に引用資料や注記が多量になり、冗長・煩雑になったことは否めない。

　しかしながら、筆者はそれに対する批判を承知の上で、簡潔さや読みやすさよりも、後日、後進たちによる再検証が可能なように、敢えて「史実を資料・記録として詳細に残す」ことに重きを置いた。

　先人たちの足跡と思いを後世に伝えて行くことは、決して、他の事柄との優先度や二者択一の問題ではなく、必須事項なのだ、と信じる。

　そして、このことはモータースポーツに限ったことではなく、普遍的なものであることを理解いただければ、筆者の本望である。

　筆者がトヨタ自動車に在職中、モータースポーツの分野で終始ご指導賜った、加藤伸一元副社長に序文の執筆をお願いしたところ、丹念に原稿に目を通され、心温まるお言葉をいただいた。

　末尾ながら、ここに記して、心より感謝申し上げます。

松本秀夫

目　次

序文にかえて　加藤伸一（トヨタ自動車株式会社　顧問） ……………………… 3
はじめに …………………………………………………………………………………… 5
豊田喜一郎論文「オートレースと国産自動車工業」の要旨 …………………… 8

序　章　トヨタモータースポーツの「前史」と「源流」
　　1　日本のモータースポーツの幕開け …………………………………… 10
　　2　日本GP以前のトヨタのモータースポーツ活動 …………………… 10

第1章　トヨペット・レーサー
　　1　トヨペット・レーサーの時代背景 …………………………………… 16
　　2　日本の自動車レースの始まり ………………………………………… 18
　　3　トヨペット・レーサーの企画・製作 ………………………………… 22
　　4　トヨペット・レーサーの改良と活動 ………………………………… 33
　　5　四輪車オートレースの終焉 …………………………………………… 50
　　6　隈部一雄のクマベ研究所での活動 …………………………………… 52

第2章　豪州一周ラリー・日本一周読売ラリー
　　1　トヨペット・クラウンが誕生した頃 ………………………………… 68
　　2　第5回豪州一周ラリー ………………………………………………… 70
　　3　日本一周読売ラリー …………………………………………………… 88
　　4　第6回豪州一周ラリー ………………………………………………… 94

第3章 **中日ラリー**
　1　有名城めぐり　自動車ラリー（1959年9月） ……………… 122
　2　第1回中日ラリー（1960年6月） ……………………………… 124
　3　第2回中日ラリー（1961年6月） ……………………………… 126
　4　大学の自動車部の活躍 ………………………………………… 128

第4章 **歴史保存を考える**
　1　歴史保存の意義 ………………………………………………… 134
　2　歴史資料をいかに残し、継承して行くか …………………… 140

第5章 **後世に伝えたいこと**
　1　トップ語録 ……………………………………………………… 146
　2　「豪州一周ラリー」で出会った人々 ………………………… 148
　3　モータースポーツに携わる人たちの想いを言葉に ………… 151

トヨタ・モータースポーツ前史年表 ………………………………… 153
生き残ったトヨペット・レーサー …………………………………… 157
おわりに ………………………………………………………………… 158

豊田喜一郎論文「オートレースと国産自動車工業」の要旨

(以下に、その要旨を記述し、原文を本書のp.60～p.62に注3として掲載する)

　オートレースはオートバイや自動車の改良研究の結果が直に現れるので、自動車関係者が興味を抱くのは至極当然のことだ。今後自動車の発達とともに益々社会的興味を惹くものとなり、急速な発展をするものと思われる。私もオートレースの発達には少なからぬ関心を持っている。

　自動車製造を始めた頃、最も苦心したのは、どのように自動車をテストし、改良するかということであった。坂道、悪路、泥濘地帯を運行したり、さまざまな破壊試験を行なって、今日の車まで仕上げた。

　今後、日本の自動車工業は乗用車に主体を置かなければならないが、いかなる試験をして、その欠陥を速やかに改善すべきかというと、オートレースをおいてほかにはあり得ない。

　乗用車製造に乗り出そうとしている日本の現状を考えると、オートレースはただ単なる興味本位のレースではなく、日本の乗用車製造事業の発展に必要欠くべからざるものである。

　こうして、かつては贅沢品とみられていた乗用車が、大衆の足となり、欧米諸国のように文明の利器として、その恩恵に浴する時代も遠くはないと思う。しかも、欧米人が自らの力で勝ち得たように、日本人は日本人自らの努力によって成し遂げなければならない。

　現在、純国産のレーサーを作ることは経済的には不可能だが、リッター100馬力くらい出せるエンジンを作ることは出来ないことではない。そのうちに経済状態も良くなり、我々にも力がついてくれば、外国にも負けないレーサーを作って外国でレースすることも出来よう。それには、リッター200馬力出さなければならないだろう。

　そうなると、日本車も外国に認められ、どんどん海外に輸出できる時代が、我々の努力次第で可能になると確信している。

　オートレースと国産自動車工業の発達とは車の両輪のごとく、片方だけが単独に進むことは出来ない。この数年間、両者が相伴って進歩することであろう。

(1952年3月)

序章

トヨタモータースポーツの「前史」と「源流」

忘れ去られた史実がある
1950年代にも
モータースポーツは存在した

運輸省を訪問したトヨペット・レーサー（1951年5月14日）

豪州一周ラリーで車両検査を受けるトヨペット・クラウン（1957年）

1 日本のモータースポーツの幕開け

一般的には、1963年5月の第1回日本グランプリ（GP）が日本のモータースポーツの幕開けとされている。

第1回日本GPの翌年、JAFの国際部長であった山口正雄氏は、次のように述べている。

「このレースが自動車メーカーおよびマニアを含む一般のオーナーに与えた影響は大きく、中でも自動車メーカーは、このレースをきっかけとして、レースの持つ意義、重要性、影響を真剣に考え始めた。そして自動車レースがいかに重要な要素、新技術開発・蓄積や販売促進への効果を伴うものであるかということを深く認識した」（『日刊自動車新聞』1964年2月1日）

それは、トヨタの場合も同様であった。

かつてトヨタ2000GTやトヨタ7の開発に携わった高木英匡氏が作成した「トヨタ自動車レース年表」（1970年9月30日）には、以下のように記されている。

■昭和38（1963）年1月、第1回日本GPに対処するため臨時組織を作り、各設計課で準備作業を行なう。主査室 芦田極主査、試作課 八木五州彦工長、松田栄他12名。第2エンジン課、第3エンジン課、シャシー設計課、駆動設計課ほか。

■昭和38年4月、河野二郎主担当 正式にレース担当責任者として着任。検査部 保坂泉係長（現7技課長）、試作課 高橋敏之（現7技班長）、東京トヨペット 神之村邦夫（現サービスセンター課長）を帯同、レース調査のためサファリ、欧州、東南アの各地を視察（約2ヵ月）

すなわち、トヨタは1963年の第1回日本GPに対応するために、モータースポーツの専門組織と体制を創設したのである。

トヨタはGPの直後、「第1回日本グランプリ自動車レース トヨタ車出場全種目に優勝 クラウンもコロナもパブリカも」との見出しで朝日、毎日新聞等へ全面広告を掲載、大々的な宣伝を行なった。

さらに、翌1964年1月には、トヨタ自動車工業、トヨタ自動車販売（以下、トヨタ自工、トヨタ自販と略称で記す）を中心に「スポーツ合同委員会*」を設立し、活動・開発体制の充実に本腰を入れ始めた。

第1回日本GPは、トヨタモータースポーツの「幕開け」でもあった。

＊当時の合同委員会メンバー：自工 齋藤尚一専務、稲川達重役、河野二郎主担当員、自販 近藤直専務、松浦正隆部長（車両第3部）、牧野忠利次長（サービス部）、須々木昌道（商品企画室）、パブリカ朝日 弓削誠常務。モータースポーツに対するトヨタの本気度が窺える顔ぶれである。

2 日本GP以前の
トヨタのモータースポーツ活動

日本GP以前のトヨタのモータースポーツ活動には、トヨペット・レーサー、第5回豪州一周ラリー、日本一周読売ラリー、第6回豪州一周ラリー、中日ラリー等があった。

しかし、これらは組織・体制的にも臨時のもので、もっぱらトヨタ自販の主導で企画・実施され、トヨタ自工の関与もごく限定的であった。

(1) トヨペット・レーサー（1950年～54年）

トヨペット・レーサーとは、1950年代に存在したレース車である。

『TOYOTA Technical Review特集モータースポーツ』（TTR）の編纂をしていた1994年当時、トヨペット・レーサーは、『トヨタ自動車30年史』、『同40年史』に写真が掲載されていた程度で、説明文も資料もほとんどなく、内容的にはまったく不十分だったので、取り上げることは断念した。

その後、『オール・トヨタ』という、当時、トヨタ自販が販売店向けに出していた広報誌に記事が連載されていることが分かり、2005年、『トヨタ博物館紀要』（No.11）に「忘れられたレーサー」と題して掲載した。

それ以前に、「トヨペット・レーサーが後のトヨタスポーツ800につながり、トヨタF1の源流だ」などと、見当違いのことを言い出す人が出てきたので、誤った認識が拡がるのを事前に防いでおきたいという意図もあった。トヨペット・レーサーは、後のトヨタスポー

トヨペット・レーサー、船橋オートレース場でのデモラン(1951年5月13日)

トヨペット・レーサー、改良型1号車に乗る限部一雄

日経新聞社杯を獲得したトヨペット・スーパー・レーサーと齋藤覺選手(1954年5月25日 船橋)

ツ800や2000年代のＦ１活動とは何のつながりもない。

その後、2012年から2014年にわたる追加調査の結果は、３編の論文「忘れられたレーサー」（その２〜４）として、『トヨタ博物館紀要』に報告した。（No.19　2013年、No.20　2014年、No.21　2015年）

これらの論文により、トヨペット・レーサーには、トヨタ自動車の創業者豊田喜一郎始め、隈部一雄元副社長、梅原半二技術担当重役、自販の神谷正太郎社長、九里検一郎重役、加藤誠之部長、山口昇愛知トヨタ社長などの関与が明らかになった。

しかし、敗戦後わずか５、６年の時期で、レース車の技術も未熟だったこと、レース自体の人気も上がらなかったことに、賭け事的側面への違和感等もあってか、その後のプロジェクトの「本流」につながる流れには至らなかった。

「本流」につながらなければ、「源流」とは言えないだろう。

トヨペット・レーサーの調査研究の中で、最大の発見は豊田喜一郎執筆の論文「オートレースと国産自動車工業」（『愛知トヨタ』1952年３月号）であった。以後「喜一郎論文」と略称する。

この論文は、喜一郎自身が執筆した、おそらく唯一のレースに関するものと思われる。しかも死の直前に書かれた、極めて貴重な資料である。彼はこの中で、「自動車レースは自動車工業に不可欠のものであり、両者はクルマの両輪のごとく、相伴って発展するだろう」と述べている。（第１章にて詳述）

（２）豪州一周ラリー（1957年、58年）・
　　日本一周読売ラリー（1958年）

豪州一周ラリーは、1953年に発足し、1958年まで６回開催された17,000kmに及ぶ過酷なラリーであった。1957年の第５回ラリーに初代トヨペット・クラウンが、国産車として初めて参加、完走を果たした。日本一周読売ラリー（1958年）は、豪州一周ラリーの成功に触発され、優勝者を日本代表として、その年の第６回ラリーに派遣しようという企画だった。

豪州一周ラリーのドライバーだった神之村邦夫氏（東京トヨペット）は日本一周読売ラリーの企画・運営にも参画し、日本GP直前JAFに作られた暫定スポーツ委員会のメンバーの一人としてGP対応にも当たった。また、1963年、トヨタのレース担当責任者となった河野二郎たちの海外レース調査にも同行し、その後もトヨタのレース活動に関わった。

すなわち、豪州一周ラリーは、1963年以降の本格的モータースポーツの「本流」に注がれて、言い換えれば、継承されていったのである。

1997年発行のTTRでは、トヨタのモータースポーツの組織・体制が確立した1963年の第１回日本GPを「幕開け」とし、豪州一周ラリーは「前史」の扱いとしたが（TTR p.19）、このラリーは日本車が参加した史上初の国際格式の海外ラリーであったことを考えれば、トヨタモータースポーツの「源流」にふさわしいと言っていいだろう。

豪州一周ラリーから50周年に当たる2007年発行の広報資料『1957〜2007　トヨタモータースポーツ　情熱、挑戦、創造の50年』の巻頭には、次のように述べられている。

「1957年、トヨペット・クラウンの挑戦からすべては始まった──。

トヨタのモータースポーツ活動は、１台の国産乗用車、トヨペット・クラウンで豪州一周ラリーに参戦した1957年から始まった。ふたりの日本人ドライバーとオーストラリア人ナビゲーターが日本から送られたクラウンに乗り込み、19日間をかけて１万7000kmにおよぶ行程を走破した。

そしてそれを皮切りに、トヨタは半世紀にわたって、さまざまなモータースポーツカテゴリーに関わり続けてきた。2007年、この活動が節目を迎える。

モータースポーツへのチャレンジを通じて、クルマの限りない可能性、そしてその素晴らしさをより多くの方にお伝えするために、トヨタのモータースポーツへの挑戦はこれからも続いていく」

つまり、豪州一周ラリーがトヨタモータースポーツの「源流」として、改めて社内外に表明されたのである。

（３）中日ラリー（1959年〜61年）

豪州一周ラリー以降、第１回日本GP（1963年）まで

第5回豪州一周ラリー コース図
メルボルンから西回りにオーストラリア大陸を19日間で一周する。全走行距離約17,000kmに及ぶ苛酷なラリーだった。

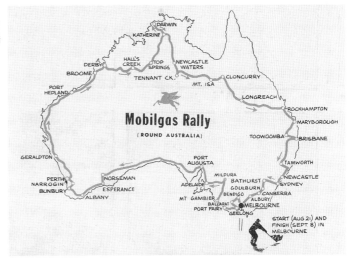

豪州一周ラリーに日本から初参加したトヨペットクラウン・デラックスは、各地で大歓迎をうけた。

復元した豪州一周ラリーのクラウンに乗る神之村邦夫・真理夫妻。メガウェブにて（2016年3月20日）

の4年間、トヨタにはほとんど活動の痕跡が見当たらなかったが、『トヨタ自動車30年史』(1967年)には、僅かながら、中日ラリーへの言及がある。

そこには「わが国におけるモータースポーツは、モータリゼーションが進み、オーナードライバーが増加してきた昭和30年代後半にはいってようやく高まってきた。JMC(日本モータリストクラブ)主催の日本アルペンラリー、中日ラリーをはじめ、全国各地でラリー、エコノミーラン、ジムカーナなどが盛んに行なわれるようになった」と日本GPの前夜の状況が述べられている。(『トヨタ自動車30年史』p.638)

中日ラリーの全貌が明らかになったのは、スタンダード・ヴァキューム石油会社発行の小冊子「第1回中日ラリー ディーラー・ニュース特集号」の発見と1960年前後の『中部日本新聞』(現在の『中日新聞』)、中日新聞社の社史等の調査による。

また、当時、大会運営に協力した名古屋工業大学自動車部OBからの資料提供も受けた。

さらに、その後の調査によると、トヨタ自工の社内報『トヨタニュース』(1960年7月)、広報誌『モーターエイジ』(1960年7月号、8月号)にも、紹介記事が掲載されている。

以上の論述から、トヨペット・レーサー、豪州一周ラリー・読売ラリー、中日ラリーをトヨタモータースポーツの「前史」とし、そのなかで豪州一周ラリーをトヨタモータースポーツの「源流」と位置付けることに異論はなかろう。

豪州一周ラリーでも、かつては世間にはほとんど知られておらず、トヨタ社内で話題になることもあまりなかった。多少知られるようになったのは、ここ十数年のことである。

豪州一周ラリーは、トヨタ自動車の社史──『トヨタ自動車20年史』(1957年)、『同30年史』(1967年)、『同40年史』(1977年)、『同50年史』(1987年)、『トヨタ自販10年史』(1960年)、『同20年史』(1970年)、『同30年史』(1980年)等には、取り上げられていた。

伝統と歴史に裏付けられた格式あるレースや嚆矢となった歴史的イベント、あるいは歴史のスタートラインに立った先達には、それ相応の敬意が払われなければならない。さらに、豪州一周ラリー、第1回日本GP、トヨタ7、ル・マン24時間に代表される内外の耐久レース、インディ500マイルを筆頭とするIRLインディカーレースやCARTチャンプカーといった歴史的なレース活動は「本文」中にきちんと明記されるべきである。

本書の趣旨は、先人たちの事績にあまりに認識不足な現状を憂い、トヨタモータースポーツ史の「前史」を明らかにして、当時の状況を正しく理解・再評価していただくことにある。

そして、先人たちの想いと苦闘の足跡をたどり、後世に継承していってほしいと願うものである。

第1章

トヨペット・レーサー

戦後間もない1950年代前半
新たに芽生えた「オートレース」に向けて
小型のダートレーサーが開発された

改良型1号車(1952年)

改良型2号車(1953年)

終戦後、自動車産業の成立さえ確かでなく、日本中がまだ混乱期にあった1950年代、トヨペット・レーサーというレースカーが存在した。

しかし、このクルマはその後あまり話題になったことはなく、トヨタ社内ですら『トヨタ新聞』(1951年6月)のコラム記事、『トヨタ自動車30年史』(1967年)に一枚の写真、創立40周年記念写真集『わ・ざ・わだち』(1978年)に写真と簡単な説明が残されているに過ぎない。

トヨペット・レーサーに関する、ある程度まとまった紹介記事が一般の刊行物に掲載されたのは、筆者による「忘れられたレーサー〜戦後の自動車史から取り残されたクルマ〜」(『トヨタ博物館紀要』No.11 2005年2月)およびそれを加筆再構成した「忘れられたレーサー トヨペット・レーサーの姿を追う」(『SUPER CAR GRAPHIC』No.48 二玄社 2006年)ぐらいであろう。

その後、「忘れられたレーサー」は、『トヨタ博物館紀要』に、「(その2)〜トヨペット・レーサーと隈部一雄〜」(2013年)、「(その3)〜隈部一雄とクマベ研究所〜」(2014年)と書き進められ、「(その4 最終章)〜豊田喜一郎とレース〜」(2015年)で完結した。

本稿は、以上の約10年にわたる調査・論考を見直し、誤りや重複を正し、大幅に加筆・再構成したものである。

1 トヨペット・レーサーの時代背景

GHQによる生産活動制限

1945(昭和20)年8月、日本は、ポツダム宣言を受諾して連合国に降伏し、9月2日の降伏文書調印から、1952(昭和27)年4月28日の講和条約発効までの約7年間、連合国軍最高司令官総司令部(GHQ)の間接統治下に置かれた。

降伏文書の調印当日に設置されたGHQから、陸海軍の解体および軍需産業の生産停止命令が直ちに発せられた。トヨタもその対象のひとつであった。

9月25日になって、一定の制限付き民需転換が許可され、復興用トラックの製造が許可された。トヨタは各工場の民需転換の許可申請を行なって、12月8日付けで許可通知を受け、本来の自動車メーカーとして企業を再建し、自動車産業の復興に邁進するという方向を確定したのであった。

終戦後の混乱の中で、多くの企業は軍需補償の打ち切り、超インフレの高進などにより極度の経済危機に陥った。トヨタも例外ではなく、金融機関からの莫大な借入金を仰いで、辛くも凌ぐ状況が続いた。

経営改革

終戦後しばらくの間、多くの企業経営者が敗戦のショックで、その進路を決めかねていたとき、トヨタ自工社長豊田喜一郎は、早くも新しい事態に備えて、会社の経営体質を根本的に変革する構想を打ち出した。(『自動車工業の現状とトヨタ自動車の進路』1946年5月)

日本の経済が近い将来に自由主義経済に移行するであろうという見通しの下に、経営体制をこの変化に即応させようとするものであり、喜一郎は終戦直後にはすでにこの構想を固めていたという。

小型車の開発と生産

トヨタは、将来への布石として、米国車との直接的競合を避け、新たに小型車部門への進出を図ることにした。喜一郎は終戦直後の1945年秋には、小型車構想をまとめ、1000ccのS型エンジンと搭載車両SA型小型乗用車、SB型小型トラックの開発に着手していた[注1]。

乗用車の生産が制限付きながらも許可されるのは1947(昭和22)年6月のことだが、1500cc以下が年間300台、大型乗用車の組立てがわずか50台という微々たるものであった。

資金・資材・部品不足のなか、1947年1月にはSA型、3月にはSB型の試作も完成した。当時のトヨタは小型車の生産に当たって、各販売店から内金として車両価格の半額、100,000円の前納を受けなければならないほどの資金難に陥っていた。ようやくSA型、SB型の生産が開始されたのはそれぞれ1947年10月と4月だった。SB型の方が市場への登場が先行したのは、その当時、GHQによって、乗用車の生産が禁止されていたからである。販売に先立ち、トヨタはそれらの小型車の愛称を公募し、9月に、「トヨペット」と決定していた。

初期のS型エンジンの仕様
(『トヨタ20年史』より)
形式／水冷4気筒直列側弁式
内径および行程／65×75mm
総排気量／995cc
圧縮比／6.5：1
最高出力／27HP/4,000rpm
最大トルク／5.9kg-m/2,400rpm
©トヨタ自動車

トヨペットSA型乗用車（1947年〜52年）
戦後トヨタ初の小型乗用車として隈部一雄の指揮のもとに開発され、愛称を公募して、トヨペットと命名されたが、生産台数は215台に留まった。隈部は後年『モーターファン』(1953年1月号)に「好きな自動車」と題した記事を寄稿し、「好き嫌い談義を始めるとなると、まず私が朝晩世話になっている、トヨペットSA型(1948年製)を一番に立てなければならない。SAは他の国産車やアメリカの乗用車にはほとんど例のない構造を持っている。誰かがチェコのスコダにそっくりだと書いた人があると思うが、設計者の頭に置いた車はその辺のところかもしれない。いずれにしてもSAは外国から見本車を取ってスケッチするようなケチな真似をしたものではなく、終戦直後の混乱時代に、将来の日本の国民自動車のもとになるものを作ろうという覚悟で設計したものだから、どの部分を取ってみても、外国車と寸分違わないなどという部分はない」と自信と矜持を示している。
©トヨタ自動車

トヨペットSD型乗用車（1949年〜51年）
より安価で堅牢なSB型トラックシャシーにSC型乗用車ボディを載せた小型乗用車。主にタクシー用。
©トヨタ自動車

しかし、SB型トラックの好調な販売とは対照的にSA型乗用車の売れ行きは芳しくなかった。VWビートルを思わせるヨーロッパ風のスタイリングに日本人がなじめなかったこと、まだ自家用車よりも安価で堅牢なタクシー需要の方が多かったこと、テスト半ばで採用した独立懸架、バックボーンフレーム等の斬新な機構の不具合等がその要因であったという。SB型トラックが5年間で12,796台の生産台数を記録したのに対して、SA型の総生産台数はわずか215台に留まった。

そして、タクシー需要への対応のため、SB型のシャシーをベースにしてSD型乗用車を開発、1949（昭和24）年11月から生産を開始、1949年〜1951年に665台が生産された。このトヨペットSD型小型乗用車がトヨペット・レーサーのベースとなる。

ドッジ不況

1948（昭和23）年12月、GHQは「経済安定9原則」の実施を日本政府に指令、翌年2月、この政策を指導するために、ジョセフ・ドッジ（デトロイト銀行頭取）が来日し、「ドッジ・ライン」と呼ばれる一連の経済安定化策（均衡予算の実施、補助金の廃止等）を推進した。急激なインフレ抑制策は、物価の急速な安定をもたらしたが、産業界は深刻な資金不足に陥り、失業や倒産が相次ぎ、いわゆる「ドッジ不況」が起こった。

1949年10月、GHQは自動車の生産・販売を原則自由とする「覚書」を発令したが、生産用資材は依然として配給制が残り、資材や自動車価格は統制されたままであり、自動車各社の経営状況は急速に悪化して行った。トヨタに関しては、日本銀行の斡旋により24行からなる協調融資団が成立し、再建計画策定を条件に、年末決済資金の融資が実現した。

販売会社の設立

販売代金の回収停滞が経営悪化の主要因であったところから、販売資金と製造資金を峻別できる体制の確立が再建計画策定の基本方針となった。かくして、販売金融体制の確立と販売力の強化を目的に、トヨタ自工の販売部門を分離独立させ、1950年4月、トヨタ自動車販売株式会社が設立された。しかし、事態は好転するどころか、悪化の一途をたどり、人員整理は避けられない状況に至った。4月に始まった労働争議は2ヵ月後の6月に終結したが、豊田喜一郎社長、隈部一雄副社長、西村小八郎常務の3人が労働争議の責任を負って辞任した。

1950年といえば、当時の一万田尚登日銀総裁の「日本で自動車工業を育成しようと努力することは無意味だ。今は国際分業の時代であり、アメリカで安い車ができるのだから、自動車はアメリカに依存すればいい」という国産車不要論があった時代でもある。

朝鮮特需

朝鮮半島で北朝鮮が韓国に侵攻し、朝鮮戦争が勃発したのは、ちょうどその頃である。韓国軍の装備を早急に補うため、日本の工業力が利用され、トヨタも5,000台近いトラックを受注した。トヨタの業績はこの朝鮮特需により急速な回復を見せ、新たな一歩を踏み出すことができたのである。

1952（昭和27）年3月27日、創業者豊田喜一郎が亡くなった。まだ57歳、7月の社長復帰が内定していて、これからという時期であった。

このように、自動車産業にとって未曾有の混乱期にトヨタがレースの世界に踏み込もうとしていたことは実に驚くべきことである。以下、その経緯をできるだけ詳細に追ってみようと思う。

2　日本の自動車レースの始まり

トヨペット・レーサーについて述べる前に、日本の自動車レースの始まりを小野吉郎『世界のモータースポーツ』（山海堂　1970年）、『サーキットの夢と栄光』（GP企画センター　1989年）、『多摩川スピードウエイ熱戦譜』（大田観光協会　2015年11月）他により、概観しておく。

大倉喜七郎

日本の自動車レースの先駆者として、大倉喜七郎という人物がいる。父は明治維新の政商で、大倉財閥を築いた大倉喜八郎。喜七郎は英国に留学中に自動車を購入し、自ら分解修理などをしていたという。彼は1907年のブルックランズ・グランプリにフィアットで出場、

日本人モータリストの先駆、大倉喜七郎
英国遊学中の1907年、ブルックランズ・サーキットの開幕戦に大排気量フィアットで参戦して2位。父(大倉財閥の始祖、喜八郎)の逆鱗に触れ、帰国を余儀なくされる。その際に複数の最新自動車を持ち帰った。(「実業之日本」明治40年9月号より)

**多摩川スピードウェイ
(1936〜50年)**
東京都大田区と神奈川県川崎市に挟まれた多摩川の河川敷に、我が国初の本格的サーキットとして誕生。一周1.2kmのオーバル(楕円)コース。写真の左側が東京、右側が川崎。丸子橋の麓に跡地が現存する。(『日本の自動車レース史 多摩川スピードウェイを中心として』杉浦孝彦著より)

多摩川のスタートを見守る大観衆
多摩川では計6回ほどの4輪レース大会が催された模様。外国車に混ざって小排気量の国産オオタやダットサンも奮闘した。観客は多い時には3万人にも達したと当時の新聞は報じている。(同上)

欧米の一流ドライバーを相手に堂々2位となり、並み居る観衆を驚かせた。帰国時に、このフィアットの他にイソッタ・フラスキーニ（伊）、シゼール（仏）を持ち帰った。後にホテル事業で活躍し、帝国ホテル、川名ホテル、ホテルオークラ等数多くのホテルの経営や設立に携わり、近代的ホテル経営に先駆的役割を果たした。1910（明治43）年には、日本初の自動車団体「日本自動車倶楽部」を結成した。

日本初の自動車レース

大正天皇の即位を記念して、1914（大正3）年、「東京大正博覧会」が開催され、この機会にロサンゼルス在住の日本人有志が来日し、自動車レースを見せることになった。団長の小川喜平が、4台のレーシングカーと5人のドライバーと来日した。もちろんレース場などない時代であり、1915（大正4）年10月16、17日、目黒競馬場で日本最初の自動車レースが行なわれた。

1922（大正11）年秋には、洲崎の埋立地で「第1回日本自動車レース」が、報知新聞社主催で行なわれ、屋井三郎のマーサー、内山駒之助のチャルマー、藤本軍次のハドソン、関根宗次のプレミアの4台のレーシングカーが出場したが、警視庁から並走不可の指令が出て、1台ごとのタイム計測方式となった。それでも結構な観客が集まり、これがきっかけとなって、毎年1、2回レースが行なわれるようになった。1926（大正15）年までに、10回近くを数えた。レース場としては、埋立地、練兵場、飛行場などが使われた。

1936（昭和11）年、多摩川べりに「多摩川スピードウェイ」という日本最初の常設レース場が完成した。コースは一周1.2km、30,000人収容のスタンド付きだった。ここで「第1回全日本自動車競走大会」が開催された。国産の小型レーサーが競走に加わったのはこのときからである。日産のダットサンレーサーとオオタ号の3台だった。本田宗一郎と弁二郎兄弟がフォードを改造した浜松号で参加したことはよく知られている。ダットサンとオオタの熾烈な戦いは小林彰太郎『ダットサンの50年』（CG別冊 1998年）他に詳説されている。1938（昭和13）年まで6回のレースが開催されたが、その後は戦争のため中断され、10年以上の空白ができた。

終戦後は、進駐米軍の中にスピードマニアが多く、やがて日本スポーツカークラブが設立され、「東京－京都間ロードレース」や「日米対抗オートレース」（船橋）などが行なわれるようになった。第1回オートレースは1950（昭和25）年、船橋競馬場で開催され、川口、大井などでも行なわれるようになった。

もともと「小型自動車」とは、1919（大正8）年以降の一連の自動車取締令により、無免許運転が許可された車両を指していた。当時の小型車といえば、ほとんど三輪車を意味していて、四輪車は全体の1、2割程度の生産台数に過ぎなかった。四輪車の流れが出てくるのは、排気量が350ccから500ccに拡大された1930年以降で、この時代の先駆はダットサン、京三、オオタ等である。3年後には、さらに750ccに排気量枠が拡大される。（岩立喜久雄「オオタ号（戦前編） 太田祐雄に見る小型発達史」『Old-timer』No.53 2000年8月号）

オートバイレースの芽生え

明治30年代に我が国に初めて輸入されたオートバイは、大正末期から昭和初期にかけて、戦前の最盛期を迎えた。全国にクラブが結成されて、活発にオートバイレースが開催されるようになった。

多摩川スピードウェイでは、オートバイレースが春秋2回、1939（昭和14）年まで盛んに行なわれたが、戦況の激化に伴い中止を余儀なくされた。敗戦後の混乱が少しずつ収まり、諸外国の事情や彼らとのレベルの差が明らかになるに従い、オートバイレース実施への要望が高まっていった。

そのような折、賭けを伴う自転車競技「競輪」が、1948（昭和23）年、議員立法により「自転車競技法」として制定された。同法は自転車産業の振興と戦災都市復興を目的としたものであったが、競輪は次々と全国各地に広がっていき、その隆盛は小型車業界に極めて大きな刺激となった。

「小型自動車競走法」立法化への取り組み

もともと小型自動車業界は、戦前に思いを馳せて、賭けを伴わないオートバイレースを企図していたが、競輪の成功で賭けを伴うオートレースを想定するようになったのは自然な成り行きであった。

1949(昭和24)年8月に開かれた「日本小型自動車競走会」(会長 栗山長次郎衆議院議員)の発起人会を経て、11月6日に多摩川スピードウェイで「全日本モーターサイクル選手権大会」が開催されることになった。

大会の目的は、日米親善、小型自動車の輸出振興・展示、小型自動車諸技術の改善、液体代用燃料の普及であった。大会当日は、140名近くの参加登録者と30,000人の観客を集めて、大好評で、敗戦で鬱屈していた人々の胸に、多くの希望と勇気と感銘を残し成功裡に閉幕した。

多摩川スピードウェイでの大会の成功は、「小型自動車競走法」の立法化推進を容易にした。法案作成の実務に当たった小型自動車競走研究会は通産省や衆議院法制局の協力も得て、1949年11月～1950年5月の間、25回もの検討会を精力的に行ない、法案始め施行規則等の細部を固めていった。

1950年3月に提出された法案の提案者には、以下のように、後に歴史に名を残す著名な政治家が数多く連なっていた。

栗山長次郎、有田二郎、江崎真澄、大野伴睦、神田博、小金義照、佐藤栄作、広川弘禅、勝間田清一、西村栄一、荒木万寿夫、有田喜一、川崎秀二、笹森順造、三木武夫、他 計42名

法案の提案理由は「小型自動車の性能向上等品質の改善、小型自動車に関する海外宣伝その他小型自動車工業の振興に寄与するとともに、地方財政の改善を図るために、都道府県に小型自動車の競走を行なわせる」というもので、小型自動車工業の振興に力点が置かれていた。

一方、当時競輪では騒擾事件や選手の不正事件が発生し、競輪に対する社会的批判がマスコミや国会でも取り上げられ、厳しい追及がなされた。

提案理由説明に当たった栗山は、次のような論旨で各委員の理解を求めた。

「自動車の性能向上、特に将来日本が大量輸出する可能性のある小型自動車の性能向上には、競争によってエンジンおよび車体の性能を向上させることが最も早道であり、効果的であることは、諸外国の例から明らか。先般の(多摩川スピードウェイでの)競走大会では国産車が外国車に対して、20～30％スピードが劣っていた。このことは結果的に国産車の品質そのものが劣っているという印象を与え、輸出に大きな支障となる。国産車、特に小型自動車の性能を大幅に上げるには競争によってこれを刺激し、奨励することが近道である」

もう一つの理由として、栗山は地方財政への寄与を挙げ、車券の売上金の配分(払戻金、運営費用、国庫および地方自治体納付金等)を具体的に説明したうえで、「運営は地方自治を尊重して、中央官庁ではなく都道府県を主体とし、同時に実施を担当する競走会および連合会に重点を置いて、将来は国際的なものに発展させる。ゆくゆくは海外に国産車と選手を派遣したり、海外から選手と車を迎えて国内でレースをするという構想を持っている」と述べている。

法案は若干の修正を加えて、1950(昭和25)年3月25日、衆参両院の本会議で可決され、5月27日公布即施行された。

多摩川スピードウェイの大会を経て、立法化へ始動してからわずか6ヵ月後であった。(『オートレース30年史』日本小型自動車振興会 1981年)

第1回オートレースの開催

1950年7月には、兵庫県、8月には山口県、東京都、千葉県の競走会設立が認可された。9月には、「全国小型自動車競走会連合会」が設立された。

まだ、各地の競走会が出揃う前に連合会が急ぎ設立されたのは、小型自動車競走法によって、強力な権限が付与されており、連合会の設立なしにはオートレースの実施はできない仕組みになっていたからである。競走場、選手および競走車の登録、競走日程の作成等はすべてレース開始前に連合会が行なう仕事であった。

小型自動車競走法に基づき、1950年10月6日から6日間にわたり、千葉県船橋の新装なったレース場(船橋競馬場の内側に併設)で「第1回のオートレース」が開催された。ただ、この時はオートバイが主であり、小型四輪車はダットサン、オオタ、その他1台が番外レースを行なったにすぎなかった。

四輪車のオートレースが初めて行なわれるのは、後述するように、1952(昭和27)年1月のことである。

3　トヨペット・レーサーの企画・製作

　1950(昭和25)年当時、トヨタ自販が全国の販売店向けに発行していた広報誌『オール・トヨタ』(1950年11月30日)で、自販宣伝部が「第1回オートレースにトヨペットが出場しなかったのは、かえすがえすも残念なことである。今後も各地で続々と開催される由であるから、この機会にぜひトヨペット・レーサーの製作を促進したい。ご検討の上、協力を願いたい」と訴えた。

　宣伝部は、オートレースによる宣伝価値は印刷物等とは異なり、生きた宣伝方法であり、将来車両の改善に資することが大きいという観点からトヨペット・レーサーの製作計画を提案したのである。

オートレースの車両規定

　オートレース参加車両の規定は以下のようなものだった。

- エンジン本体が外国製であれば、外車とみなす。
- トランスミッション、デフ、点火プラグ、発電機、気化器、タイヤは国産品のこと。(当面はエンジンが国産であれば可。国産部品が性能向上すれば、外国部品使用を制限)
- 三輪および四輪自動車の幅は2m以内。
- ステアリングの遊びは15度以内。
- 運転席の下面には床板を備えること。
- 排気管を備え、運転席の後方まで延長。
- 始動時間は3分以内。
- 平均速度：70km/h以上(350cc以上)
- クラス分けは、1級：1500〜1100cc、2級：1100〜750cc、3級：750〜500cc、以下4〜7級まである。(1500cc超は小型車枠から除外)

　この条件に基づいて、トヨペットSD型乗用車のシャシーとトヨタ製部品を用いて製作すれば、いかに改造しても国産車トヨペット・レーサーと認められる。S型エンジンは995ccなので、2級、ダットサンとオオタの旧型は750cc未満なので3級となる。

レーサープロジェクトの目論見

　製作費の内訳は以下のように見積もっている。

- トヨペットSDシャシー：440,000円
- 改造費：500,000円
- ボディ製作費：100,000円。合計1,040,000円

　ちなみに、当時のSD型乗用車の工場渡し価格955,000円であった。

　賞金の引き当ては車券売上げの5/100とされているので、船橋レースで試算すると、4,500,000円となる。これを賞金に割り当ててみると、第1着：製造者賞33,700円、所有者賞37,500円、選手賞22,500円。第2着以下の選手賞は、それぞれ15,000円、7,500円、3,500円、2,200円となる。

　宣伝部の目論見としては、レース開催日数を年間144日間(年4回×各6日×6府県)とし、そのうち28回優勝すれば、船橋レースでの結果から計算して、賞金総額は1,040,000円が見込まれ、製作費は十分回収できるはずだとした。

　つまり、トヨペット・レーサーを出場させても決して経済的負担が増えるわけではなく、原価の償却は案外容易、かつトヨペットの宣伝効果については、実に多大なものが期待できると結論付けた。

企画担当者の述懐

　当時、自販の宣伝課長であった原田寅吉は、その15年後の1965年、社内報『るうむらいと』に「トヨタ自動車販売15年小史　思い出とエピソードで綴る当社の歴史」の第五回として「トヨタスポーツ車の今昔」を寄稿している。その記事によると、

　「昭和25年12月、加藤誠之部長に呼ばれ、『来年5月に船橋に自動車レース場が開設されるが、それまでにトヨタの本当の(本格的な)レーサーを2台作ってみないか』との命令を受けた。何分材料も資料も不足だし、自信がなかったので、一応お断りしたが、部長は言い出したら後へは引かない気質だったので、渋々お引き受けした。

　早速トヨタ自工技術部や試作課に相談したところ、『本格的レーサーを作るには用意がないのと、半年やそ

1950—11—30　　　　　　　　　　　　　　　　　　　　　　　　　　オール・トヨタ

……小型自動車競走用……
トヨペット・レーサー

=宣傳部=

今春議會を通過した小型自動車競走法は我國自動車工業の復逹、振興を圖るに外ならず、奬勵金として4,000萬圓が計上されている。この法律に基き去る10月29日から6日間に亘り千葉縣船橋の新裝成つたレース場で全國にさきがけて第1回オート・レースが開幕された。29日午前9時30分より開場式が擧行され、高松宮殿下も御出席され、主催者千葉縣知事その他關係者一同參列し、選手120名なかにも紅一点の川名八千代孃も交えて盛大な入場式が行われた。

11時になるといよいよ世界でも最初の勝車投票券附の第1回オート・レースのテープが高松宮殿下によつて切つて落された。今回のレースは自動二輪車（オートバイ）が主であり、小型四輪も出場したがダットサン1輛、オ、タ1輛、その他1輛でレースが成立せず、わずかに番外レースとして小型四輪の意氣を示したに過ぎなかつた。なおこの三輛は競走規格に合格したものであり、新型レーサーとしてダットサン3輛、オ、タ2輛が近く完成する由である。

初日の入場者は早朝から陸續と詰めかけ、總計5萬人と稱せられ、車券の賣上げも1,500萬圓に逹してオート・レース熱は豫想外に大きかつた。

この全國最初のオート・レースにトヨペットが出場しなかつたのはかえすがえすも殘念な事であり、今後も各地で續々と開催される由であるからこの機會に是非トヨペット・レーサーの製作を促進したいと思う次第である。オート・レースによる宣傳價値は印刷物等と異り、生キタ宣傳方法であり、將又車輛改善に資する事が大きいのは今更多言を要しまい。これらの實情に鑑み、宣傳部では種々と案を立てたので、御檢討の上御協力を乞う次第である。以下小型自動車法及びトヨペット・レーサー製作計畫につき若干説明を試みよう。

1 國産自動車とは

日本に國籍を有する者、又は日本の國內法に基いて設立された法人であつてその議決權の過半數が日本に國籍を有する者、若くは日本の國法に基いて設立された法人の製造した車を國産車とする

a）エンジン本體が外國製であれば如何に改造しても外車と見なす。

b）トランスミツシヨン、デフアレンシヤル、点火栓、充發電機、マグネトー、氣化器、タイヤは國産品でなければならない。（但し差當りエンジン本體が國産であればその車は國産車であると認め、國産部品の性能向上につれ外國部品の使用範圍を狹くする）

c）競走車の登錄を受けた者は、車の仕樣書記載事項に變更のあつた時は1週間以內に競走會連合會に届出なければならない。

2 競走車の構造

a）三輪及び四輪自動車の巾は2m以內とする。
b）操向輪の遊びは15度以內とする。

手前はダットサン．後方はオ、タ・レーサー

— 65 —

トヨペット・レーサーの企画提案（『オール・トヨタ』1950年11月30日）
トヨタ自販宣伝部が広報誌『オール・トヨタ』に発表した「トヨペット・レーサー」の初出記事。
社史等の会社公表資料に「トヨペット・レーサー」の名や写真が出てくるのは、後出の『トヨタ新聞』、『30年史』、『40周年記念写真集』のみ。

こらで自工として自信のある車が出せないから、自販の技術陣で適当に作ってみては』とのことだった。そこで、サービス部の赤坂正喜部長や愛知トヨタの山口昇社長に相談したところ、できる限り協力すると快く引き受けてくださったので、意を強くした。

車両部にお願いして、トヨペットSG（SDの誤記か）、小型トラック、エンジン1000ccのベアシャシーの新品2台を受け入れて、サービス部に搬入、ミッションやフレームの改造に取り掛かった。ボディの架装は、1号車は大阪の陸運整備に送り、2号車は愛知トヨタの車体工場に搬入し、ボディの製作に取り掛かった」（『るうむらいと』1965年10月号）

トヨタ販売店協会役員会での豊田喜一郎の談話

1951（昭和26）年3月1日に、トヨタ販売店協会（ト販協）役員会に出席した豊田喜一郎前社長は次のような「談話」を披歴した。

　永らく御無沙汰致しましたが、皆様にお会い致し嬉しく思って居ります。去年の二月より会社を辞め、それ以前よりの病気で皆様の御期待に拘らず、仕事より遠ざかってゐたという始末でした。病気もやゝ回復しましたが、未だ充分と迄は行ってゐない。

　山口（昇）さんに御話したが、病気の為に仕事は総べて辞めて居り、別の意味で本日は此の席に出して貰った。

　唯、輸出振興会と自動車技術会ではどうしても辞めさせて呉れず、再任されてしまった。浅原（源七）氏よりも種々話が有ったが、技術会で政府の方より二〇〇万円の補助金を受け、自動車界より、三人程海外へ視察させてはとの事であったので、まだ海外へ行っていない会社が宜敷しからうと言って置いた。

　見込みでは、オートレースが年五〇億円位の売上がある筈であったので、七三〇〇万円位の予算をといったが、実際には十分の一の五－六億円位しか上がらなかった。

　二輪車だけでなく絶対に四輪車を出さなくてはならぬと思ふ。

　政府は年一〇〇億の売上予算で、そこより補助金を出し、技術会に来たのは其の一部として二〇〇万円来たのであるそうだ。

　私の考へでは賭事による自動車振興の方法は余り賛成しないが、自動車の発達の為ならば考へて見ようと言って置いた。今迄、四輪メーカーはトヨタ、日産、高速（機関工業）の三社位なものである。よって各社が生産している実用車のシャシーに直ちに競走用のボデーを載せ、各社のみの車だけでレースをやってはどうかと言う案を考へた。トヨタとしてはトヨペットのシャシーに直ぐ競走用ボデーを附け、全国十車位で全国で走らせたらどうだらう。

　技術会、振興会の席上、T、N、Kの社長に全国に十社位の代理店を設け、此の案のレースを一度やったら必ずうけるがどうだらうと懇談した。

　普通車のシャシーに部品を換へる程度で、又シャシーは半年、或は一年代理店で融通するがメーカー、代理店半々で融通するかと言ふ点、又ボデーは五〇万円位で出来るのではなからうか。

　その車を持ちたいと言ふ希望者が居れば売ればよいし、よくよくの時には、解体して売ってもよいし、斯様な方法で行へば、四輪車レースも案外簡単に出来るのではなからうか。

　一回、二回とやって見たら売上げも上がり、賞金も追々出せると思ふ。賞金の額は五〇万円〜八〇万円位出して貰へばよいと思ふが、浅原氏は、現在一〇万円〜一五万円位の処ではないかと言ってゐる。

　皆と相談して、之ならと言ふ決定案を本日持って来たかったのであるが、遂に間に合はなかった。

　今日は取り留めも無いが、此の二つを御話ししに来たので、他の話は勘弁願ふ。（後略）

すなわち、喜一郎はオートレースについての考えを伝えるために、病身を押して、ト販協の役員会に出てきたのである。

オートレースの賭け事的側面には賛成しないものの、自動車の発展に資するのであれば、それもいとわないとして、むしろ積極的にレースの振興・運営方法、予算や補助金、賞金額まで言及し、四輪レースの開催に並々ならぬ意欲を示している。

全国小型自動車競走連合会の充実

前述の「全国小型自動車競走連合会」については、その充実を図るため、1950年12月に開催された理事会

『トヨタ新聞』（1951年6月11日）
『トヨタ新聞』は1950年9月創刊のトヨタの社内報で月2回発行されていた。トヨペット・レーサーの記事が掲載されたのは、1951年6月11日のこの1回のみ。

上記新聞に掲載された写真のより鮮明なもの。この第1号車は大阪トヨタ製、ボディサイドの「トヨペット」は当時のトヨタ自販宣伝部長加藤誠之の筆になるもの。未舗装の東海道を東京まで陸送された（1951年）。

同じくこちらは第2号車、愛知トヨタ製（1951年）。ボディは木工部板金班の職人たちが見よう見まねで叩き出した（1951年）。

で、新たに山口昇(愛知県小型自動車競走会会長・愛知トヨタ社長)他が理事に、相談役として下記のメンバーが選任された。

- 小型自動車関係:弓削靖(自動車工業会会長)、寺沢浅蔵(高速機関工業社長)、箕浦多一(日産自動車社長)、石田退三(トヨタ自工社長)、菊池武三郎(トヨタ販売店協会会長)、吉田政治(日産販売店協会会長)
松田恒次(東洋工業常務)、本田宗一郎(本田技研工業社長)は、小型自動車工業会の関係者として他の21名のメンバーとともに顧問に名を連ねている。
- 一般業界:村上義一(日本自動車会議所会長)、豊田喜一郎(日本自動車技術会会長)、浅原源七(学識経験者・日産自動車元社長)

上記から明らかなように、「小型自動車競走法」の施行当初から、オートレースには自動車業界が深く関係していて、トヨタもその一員だったということである。

トヨペット・レーサーの製作

最初の試みとして、6台を全国各ブロックに割り当て、トヨタ自販から支給されたSD型シャシーをベースに各技術者が競って製作に乗り出すことになった。その3ヵ月後、1951(昭和26)年5月3日第1号車(大阪トヨタ/陸運整備)、10日に第2号車(愛知トヨタ)が完成した。(『オール・トヨタ』1951年5月23日)

しかし、実際に完成したのはこの2社だけだったようで、その他のブロックに関しては、着手したかどうかの記述も見当たらない。

当時のトヨタ自工の社内報『トヨタ新聞』(1951年6月11日)には、「トヨタ・レースカー」の見出しで、2台の写真とともに「最高速度百六十キロ(急行列車の倍の速さ)、カーブでも九十五キロと云う超スピードはファンの血をわかすことであろう」と解説している。しかし、『トヨタ新聞』にトヨペット・レーサーの記事が掲載されたのは、後にも先にも、この1回だけである。

大阪トヨタ製第1号車

第1号車は完成後、東京のトヨタ自販事務所まで陸送で運ばれた。ひとり陸送を命じられた山野裕は『大阪トヨタ30年史』(1978年)の中で、次のように述懐している。

5月の連休時に、東京のトヨタ自販事務所まで陸送するよう命じられた。5月3日朝7時に本社を出発、好奇の目を浴びながら、京都から大津、水口、鈴鹿、四日市を通って名古屋のトヨタ自販に入ったのが昼過ぎ。当時宣伝部長だった加藤誠之さん(後にトヨタ自販社長・会長)他が出迎えてくれて、着くとすぐに加藤さんは紺色のペンキと筆でボディの横に『トヨペット』と筆捌きも鮮やかに10分少々で描いた。

1時間ほど休憩して東京へ出発したが、ヘッドライトが付いていないので、暗くなる前に目的地に到着しようと、国道1号線を80キロくらいで飛ばした。ところが静岡と清水の間で、突然急ブレーキがかかり、ハンドルが大きく左にとられ、絶壁の手前でかろうじて止まった。翌日、静岡トヨタでデフを交換し、東京に向かった。

まさに命がけの陸送をしたのであった。未舗装だった東海道で120km/hの最高速を出したという。

愛知トヨタ製第2号車

第2号車は愛知トヨタ・木工部で製作されたもので、木工部は当時、トラックの架装を40人ほどで担当していた。ディーラーのボディ製作部門がレーサーを手掛けることは異例であった。木工部板金班はいずれも職人芸の持ち主だったが、参考になる車もなく、勘とハンマーだけで、現物合わせでボディを叩き出した。当時、人々はその斬新さに目を見張ったという。完成後、国道1号線で初試走を行ない、150km/hの最高速を記録した。当日の試走は『日本ニュース』に収められ、後に映画館で一般に公開された。(『愛知トヨタ25年史』1969年)

トヨペット・レーサー第1号車(第2号車)諸元
(『大阪トヨタ30年史』、『るうむらいと』等)
全長3,940mm(4,070mm)　全幅1,505mm(1,405mm)
全高1,300mm(1,100mm)　最低地上高130mm
重量800kg　シャシー　トヨペットSD型　エンジン　S

トヨペット・レーサー第1号車と豊田利三郎(1951年)
『トヨタ自動車30年史』(1967年)に「試作車トヨペットレーサーと豊田利三郎」として掲載されている、トヨタの初代社長豊田利三郎がトヨペット・レーサーの説明を受けている写真。ただし、解説等はない。
©トヨタ自動車

トヨペット・レーサー第1号車(1951年)
「砲弾型白塗赤線入り」(自販宣伝課長 原田寅吉の表現)

トヨペット・レーサー第1号車(1951年)
運転席周り

トヨペット・レーサー第2号車(1951年)
「飛行機胴型尾翼付シルバー塗赤線入り」(原田寅吉の表現)

型、995cc、27hp
ギアボックス　前進3段（2段）／共に2段か？　後進1段（なし）　最高速度150km/h
タイヤ　6.5-16　6P

トヨペット・レーサーの登場

　第1号車は5月7日、東京着、翌5月8日から10日まで、八重洲口前広場における「日刊自動車主催自動車産業展」に出品され、その後2日間洲崎工場で点検修理を受けた。

　第2号車は神奈川トヨタで点検のうえ、12日夕刻東京に到着した。

　5月13日、朝東京トヨタを出発、船橋のレース場に向かった。戦災孤児救援資金募集のため、読売新聞社主催で「日米対抗オートバイ競走大会」が開催され2台のトヨペット・レーサーがそろって参加した。しかし、車両およびドライバーの登録ができておらず、十分なテストもされていなかったので、本社（自販）の意向もあり、約30分のデモランと会場内での展示に留められた。

　ドライバーは1号車が東京トヨタ車両部の中村敏、2号車は同じく河村淳、監督はサービス部長の中村勘七だった。

　レースの開会式は極東空軍軍楽隊の演奏のもと、日米のレースファン45,000名の大観衆に迎えられ、内外のオートバイおよび小型四輪自動車約50台は4列横隊で行進した。アマチュアのオートバイレースを皮切りに、メインの4,000m自動車レースや数々のアトラクションで観客を魅了した。（『オール・トヨタ』1951年5月23日、26日）

『オール・トヨタ』と『るうむらいと』の記事の食い違い

　実は、『オール・トヨタ』(A)と『るうむらいと』(R)の記事には、日付や活動に食い違いが少なくない。（同時期に発行された『オール・トヨタ』同士でも記事によって、微妙に食い違う個所、矛盾が散見されるが、おおむね一致しているので説明は省く）

　(A)と(R)の主な食い違いは下記の通りである。

・車完・移送・活動：(A)では1号車が5月3日、2号車が5月10日に完成し、それぞれ別々に東京に移送。1号車は5月8日～10日東京で展示、2号車は神奈川トヨタ経由で5月12日東京着。
一方、(R)では、4月末に1号車が大阪から名古屋（自販本社）に到着、5月10日に2台を連ねて東京に送られたとある。

・レース場デビュー：(A)では5月13日(日)「日米対抗オートバイ競走大会」がデビューとなっているが、(R)にはその記述はなく、5月14日(月)官庁訪問、5月15日(火)「船橋レース場開場式」で試走レースに出て1、2位を獲得とある。しかも2号車は原田自身がドライブしたという。このことも官庁訪問も(A)には一切記述がない。

「船橋レース場開場式」がわざわざ「火曜日」に行なわれたとされることや、このような一大イベントが、同時代に発行されていた『オール・トヨタ』誌に一切触れられていないことに、いささか違和感を覚える。

　『オール・トヨタ』の記事は、1951年当時、諸々のイベントの2週間後くらいに出ており、ほとんどリアルタイムの記事といってよい。間違いの可能性は比較的少ないうえ、継続刊行物で、トヨペット・レーサーの活動を逐一フォロー、報告していた。

　一方、『るうむらいと』は、担当課長の原田寅吉が15年後に、当時を回顧して執筆したものである。当事者が書いた記事はもちろん尊重されるべきだが、思い違いのおそれはないとはいえない。

　従って、本稿では断定を控え、同時代の記録としての『オール・トヨタ』に従っておく。将来の新たな資料発見に期待したい。

トヨペット・レーサーのPR活動

　その後、2台のトヨペット・レーサーは5月19、20日の名古屋大須球場のレースイベントに参加すべく、陸送で名古屋に戻った。残念ながら、レースにはトヨペット・レーサー以外、参加車両がなく、トヨペット同士のレースとなった。

　5月24日には、「昭和26年度全国トヨタ販売店協会総

船橋オートレース場にて（1951年5月13日）
1951年5月13日、千葉県船橋オートレース場で開催された、「日米対抗自動車オートバイレース」（読売新聞社主催）でのトヨペット・レーサーのデモランの様子。このレースは、戦災孤児救済資金募集が目的だった。

船橋オートレース場にて（1951年5月13日）
コースインする第1号車（前）と第2号車（左端）。物見高い観衆の数に注目。

船橋オートレース場でのデモラン（1951年5月13日）
第1号車のドライバーは、東京トヨタ車両部の中村敏、第2号車は、同じく河村淳。監督はサービス部長の中村勘七だった。

会」が名古屋八事の八勝館で開催され、2台のトヨペット・レーサーが展示され、全国販売店のトップや幹部たちにアピールした。

5月26日には、1号車は埼玉県大宮市の「自動車展」に展示、2号車は京都市警主催「自動車運転士技術競技会」と「自動車仮装行列」に参加、当時大スターだった藤田進や水戸光子も試乗して人気を博した。翌27日は、紀三井寺競馬場で「日米交換オートレース」に参加した。

他に9月1日～12日、京阪神「講和記念商工振興祭」パレード、9月11日、クラーク・ゲーブル主演映画「スピード王」公開記念新小型競走自動車キャラバンが東京都心で行なわれ、ダットキング、ダットクイーン、フジイ、新興等と参加するなど、トヨペット・レーサーは誕生以来文字通り東奔西走で、改良の暇もない有様だった。(『オール・トヨタ』1951年6月7日、9月18日、9月26日)

ト販協総会での喜一郎発言

1951年5月24日に、「昭和26年度全国トヨタ販売店協会総会」が名古屋八事の八勝館で開催され、2台のトヨペット・レーサーが展示されたことは前述の通りだが、総会後の懇談会に喜一郎が出席して講演を行なっている。その際の発言要旨が『流線型』(自動車週報社1951年7月)に掲載された。内容は2ヵ月前、3月のト販協役員会での発言と同趣旨のものである。

【四輪レーサー論】自動車技術会会長と自動車輸出振興会会長を務めている豊田喜一郎氏(前トヨタ自工社長)は(1951年)5月24日名古屋八勝館で開かれたトヨタ自動車販売店協会の定時総会終了後の懇談会に出席し「四輪競走車によるオートレース振興策」を述べ、満場の拍手を浴びた。豊田氏の談話要旨は次の通りである。

▶通産省の話によると自動車工業を振興させる方策として、オートレースの車券の売上の一部を国家予算に組んで振興費に充当する仕組みをとっているのだが、今までの経過では出走車に四輪競走車もなく、あまりいい成績ではないということである。

そこで是非四輪車による競走車を作って参加させるよう協力してほしいとのことであるが、私の考えでは賭け事による振興方法はあまり賛成しないとしても、現在の情勢上自動車工業の発達が幾分でも促進されるのであれば、これもまた協力いたしたいと思う。

といっても今直ちに各生産会社が純粋の四輪競走車を大量に生産するということはなかなか困難な仕事であろうが、現在の小型自動車のシャシーにある程度の改造を施して1レース番組を編成できる数量――たとえば1車種10台ないし20台程度に生産すれば、オートレースにも興味が増し、ひいては自動車工業の振興方式に協力できるようになるのではないかと思われる。そこで自動車工業振興会においても、先般トヨタ、日産、オオタ各社の担当者が相寄り座談したことであるが、各社ともこの線なら積極的に乗り出そうではないかという意見であったから、あとは全国の自動車販売店がオーナーとして協力すれば、生産の促進とレースの興味が重なって案外おもしろい結果が生まれるのではあるまいか、そして四輪車による競走車が一度レースに出場するようになれば、研究者たちはさらによりよい車に工夫改善しつつ、結局自動車生産技術の進歩発達の上に好影響を与えるようになろうと思われる。

喜一郎がトヨペット・レーサーを見ている直接的な記録は見当たらないが、この会合で展示されたトヨペット・レーサーを現認していることは疑いない。

小型四輪車によるオートレースの開催
――船橋オートレース

1952年1月2日から6日間、各方面から待望されていた小型四輪車による初のオートレースが船橋オートレース場で開催された。毎日1レースが通常のプログラムに追加する形で行なわれた。一般のファンの四輪車レースに対する知識が浅く、ドライバーたちも練習不足だった関係から、初日は車券を発売しない「番外レース」として行なわれ、2日目以降車券が販売された。

出走車はダットサン(51年型、747cc)2台、オオタ(51年型、736／743／760cc)計4台、クロスレー(48／49年型、724cc)計3台、MG(32／33年型、1048cc)計2台、オースチン(33年型、747cc)1台の合計12台であ

2号車通産省訪問(1951年5月14日)
同日、運輸省も訪問した。

米国映画『スピード王』タイアップキャラバン・宮城(皇居)前
(1951年9月11日)

クラーク・ゲーブル主演のアメリカ映画「スピード王」公開を記念して行なわれたキャンペーン。都内パレードにダットキング、ダットクイーン、フジイ、新興等とともに参加した。

米国映画『スピード王』タイアップキャラバン・神田昌平橋
(1951年9月11日)

米国映画『スピード王』タイアップキャラバン・テアトル銀座前(1951年9月11日)

った。800mコースを6周に200mを加算し、5,000mで競われた。

ただ、トヨペット・レーサーは何らかの事情で両車とも出走できなかった。前年末の練習走行ではアクセルが全開でなくても、他車の追随を許さなかったので、もし出走していれば、優勝のチャンスは十分あったと述べるに留まっている。(『オール・トヨタ』1952年1月20日)

また、『流線型』(1952年2月号)には「トヨペットが出走するとすれば、二級車(750〜1100cc)だけに、鋭い延び足を見せて、好成績を収めるであろうことは、船橋の練習タイムなどから判断してほぼ確実とみなされる」と述べられている。

前年末に行なわれた報知新聞の座談会で藤本軍次(イースタン・モータース社長)は「トヨダの設計には感心した。レースに出して負けたらその原因をつきとめ、さらに改良して、将来は世界のレーサーを仕上げるんだと意気込んでいる」と述べている。(『報知新聞』1951年12月31日)

翌1952年1月のレース直前の『報知新聞』には、トヨペット1号の名が有力な車のひとつとして載せられているので、直前まで出走の予定だったと思われる。(『報知新聞』1952年1月2日)

通産省からの出場要請

1952年1月27日のト販協役員会で、自販の九里検一郎重役から「去る1月2日から開催された船橋のオートレースに四輪車(ダットサン、オオタ、クロスレー、MG、オースチン)が出場した。通産省の自動車課より、是非トヨペットも出場するよう話があったので如何にするか」と提案があった。

種々協議の結果、顧問の小早川(元治)注2氏の意見に従い、現在あるトヨペット・レーサー2台を十分改良し出場することとした。なお、名義はダットサンが東京日産より出ているので、東京トヨタとして出場することを決議した。しかし、結局不調に終わったようで、レース出場には至らなかった。

また、1952年7月のト販協役員会で、山口昇理事長(愛知トヨタ社長)が「梅原(半二自工重役)氏は、挙母(自工)は将来レーサーメーカーともなりたいと言って

いる」と発言していることは、自工側の関与を示す資料が非常に少ない中で、彼らの関心を示すものとして注目に値する。

同時開催のオートバイレースは、すでに人気が定着していたが、実際に四輪車レースを実施してみると、意外に人気が高く、常に総売り上げの10%以上を確保、四輪車レースへの関心がいかに高いかを示した。初めてのレースとしては、高く評価され、将来性があると考えられたようである。

ダットサンはワイドフィールド(太田祐一創設。スポーツカーのチューンナップ・改造、レーサー開発を行なう)が多年の経験に基づいて徹底的にレーサーとしたもので、シャシーについても独自のものであり、エンジンもOHVに改造された他、各部のパーツも標準部品を使用していない模様。

オオタは2車とも非常に安定のあるシャシー構造をしており、ホイール等も重量軽減のため軽合金製を用いたり、軽減孔を大きくしたり見るべきものが多く、いずれも本格的レーサーとして設計・製作されていると評価されている。(『オール・トヨタ』1952年1月20日)

1952年の第2回船橋オートレースは3月1日から6日間開催され、四輪車の売上も第1回の約3,400,000円から5,100,000円に、四輪車の売上比率も12.5%とかなりの改善がみられ、人気のほどを示した。これに刺激されて、埼玉県川口市でも3月20日から「川口オートレース」が開催されることになった。

四輪車オートレースの概況

MGのドライバーとしてレースに出ていた小早川元治が、1952年3月20日号の『オール・トヨタ』に「四輪車オートレースの概況」という題で、寄稿している。要旨を以下に紹介する。

- 四輪車オートレースは2回目を迎え、熱を帯びてきた。
- 国産のレーサーも心配されたほどの見劣りもなく、常に上位を独占している。将来はスピード、スリルは最高潮に達する。前途は明るい。
- オオタは補助金による試作車が完成。
- ダットサンは日産本社が研究に乗り出す。

- トヨペットは未経験ながら、試作を進めている。
- 1500cc以下のエンジンでは、エンジンパワーが不足、シャシーも華奢。かつての「多摩川」のような豪壮なレースが見られないのは淋しい。オートバイですら1200ccまで可。
- 出場車が10数台しかなく、ハンディキャップレースにせざるを得ない。(クロスレー3台、ダットサン2台、オオタ2台、旧オオタ2台、MG2台、オースチン1台)
- クロスレー:軽量エンジン、6,000rpm以上。軽量シャシーで性能的にはトップクラス。
- ダットサン:東京日産で製作、ワイドフィールドの太田氏の労作。形も性能も申し分ないが、新型エンジンが望まれる。
- オオタ:小型レーサーの経験豊富。近くOHV化すればレーサー界の王となろう。旧オオタは「多摩川」時代の国産レーサーの華だったが、新型の前では苦戦。
- MG:いずれも古い。部品の供給に難。
- オースチン:普通の車にボディを架装したようなもの。ストックカー。
- 四輪レースのコース、現在は船橋と川口。大阪からも案内あるが予算的に厳しい。コースはどれも未完成の走路。
- 競輪、競馬に匹敵する規模になれば、自動車工業の技術発展上有益、国運も隆盛。海外への飛躍も。

1952年は、船橋、川口ともに10回程度のレースを開催し、船橋は出走車が20台前後まで増加してきたが、この時点に至ってもトヨペット・レーサーはレースに出られない状況が続いていた。

4　トヨペット・レーサーの改良と活動

1952年3月、自販宣伝部から下記のような「A号　トヨペットレースカー製作要領」が発行された。

　　A号製作　現在のトヨペットレースカーの内、1台(1号車)を改造してレーサーA号とする。その目標は40馬力にて船橋の如き砂地走路の場合に於いても800米を38秒以内で走り得る事。
　(注)800米を38秒といふ事は75.78km/hであり早いとはいえないが、船橋のコースを走る場合には非常にロードがかかる関係上馬力当たりの重量が大きな問題となり、軽いほど高速が得られる。船橋コースに於いて上記の速度を目標とする。
　△3月に於ける船橋(800米)の成績:クロスレー39秒、オートバイ(JAP)33秒
　△米国での成績(800米):ストックカー33秒、25秒。但しグラウンドコンディションが違ふ。
　(A)エンジン改造方法
　エンジン改造上必要な工作、テストその他完成は自工(挙母)にて行なふ。
　○現在のエンジン(S型 995cc)をインレットオーバーヘッドバルブ式(Fヘッド型)に改造する。
　○英国製ショロックのスーパーチャージャーを附ける。
　○潤滑装置を高圧化し冷却装置を強力なものにする。
　◎コンロッド、クランク軸強化
　○カム軸をオーバーラップ式としリフトを変更する。
　○電気装置の改造は英国製B. T. H.のマグネット(magneto／筆者注)を取付け、点火装置はK. L. G.(英)をつける。
　エンジンの改造は小早川(元治)の意見を参酌して梅原(半二・自工)、赤坂(正喜・自販)両重役がそれぞれ指導して、必要部品を取り揃える。
　自工に於いては、設計担当者を決定して置く事は過日梅原重役の承諾を得ている。3月20日頃自工に於いて梅原、赤坂、山本(直一宣伝部次長)が具体的に協議する予定である。
　(B)シャシー改造の方法
　競走コース回転に必要な重量をもたせる事を考慮して安定度を高く且軽量にすることに重点を置く。
　現在の1号車のデフをもっと軽いものと取替えてテストの上適当な重量並にサイズを求めて改造の方針を具体的に決める。
　即ち現在のフレームを更に重量軽減して用いるか、別に新しくフレームを組んで寸法の小さいものにするかは上記のテストの結果割出すわけである。
　但しパイプフレームにして極端に軽くする事は現在のコースでカーブの場合不適当ではないかと思はれる(小早川の意見)。これの工作完成は平塚市の内藤氏又は東京の富士製作所に於いてする予定である。

この「企画書」からも分かるように、レーサーのプロジェクトは自販・ト販協主体で推進されてきたと思われるが、意外に自工側の関与があったことが伺える。この企画が推進されたのかどうかは、不明である。おそらく後述するクマベ研究所の「改良型」の企画に統合されていったのではないか。

　1952年3月中旬、ト販協の役員会で、山口理事長は船橋のレースの状況に触れ、「四輪レースの注目度があがっており、対応策を豊田前社長、神谷自販社長、小早川顧問、九里重役、小橋(熈・東京トヨタ社長)副理事長と相談した結果、第1次案：1号車を改造、スーパーチャージャー付。ギア比変更等を社外に委託。自工梅原氏、自販赤坂氏と協力して、5月出場を目指す。2号車はブガッティのシャシーにトヨペットのエンジンを搭載。

　第2次案：ブガッティのシャシーに1500ccエンジン搭載、7月頃完成目標（自販担当）とする」との報告があった。

豊田喜一郎論文「オートレースと国産自動車工業」

　1952年3月、豊田喜一郎は愛知トヨタ自動車の広報誌『愛知トヨタ』に「オートレースと国産自動車工業」と題した、約4,000字の論文を寄稿し、同誌の3月号に掲載された。この論文は愛知トヨタ社長山口昇の求めに応じて執筆されたものであった。

　喜一郎が死去したのは同月27日、原稿が愛知トヨタに届けられたのは3月上旬のことで、まさに死の直前であった。

　この論文は喜一郎自身が執筆した、おそらく唯一のレースに関するものであり、極めて貴重な史料である。

「喜一郎論文」の要旨

　以下に、その要旨を記述し、原文を注3として、章末に全文掲載する。

　オートレースはオートバイや自動車の改良研究の結果が直に現れるので、自動車関係者が興味を抱くのは至極当然のことだ。今後自動車の発達とともに益々社会的興味を惹くものとなり、急速な発展をするものと思われる。私もオートレースの発達には少なからぬ関心を持っている。

　自動車製造を始めた頃、最も苦心したのは、どのように自動車をテストし、改良するかということであった。坂道、悪路、泥濘地帯を運行したり、さまざまな破壊試験を行なって、今日の車まで仕上げた。

　今後、日本の自動車工業は乗用車に主体を置かなければならないが、いかなる試験をして、その欠陥を速やかに改善すべきかというと、オートレースをおいてほかにはあり得ない。

　オリンピックにおいて、全身全力で自分の力を試すのと同様に、オートレースにおいて自動車の性能のすべてを発揮し、その優劣を争うところに改良が行なわれ、自動車の進歩が図られ、またファンの興味を沸かすのだ。

　乗用車製造に乗り出そうとしている日本の現状を考えると、オートレースはただ単なる興味本位のレースではなく、日本の乗用車製造事業の発展に必要欠くべからざるものである。

　こうして、かつては贅沢品とみられていた乗用車が、大衆の足となり、欧米諸国のように文明の利器として、その恩恵に浴する時代も遠くはないと思う。しかも、欧米人が自らの力で勝ち得たように、日本人は日本人自らの努力によって成し遂げなければならない。

　また、オートレースが、いやしくも大衆を集めてやる競技である以上、彼らの興味を惹くものでなければならない。

　現在、純国産のレーサーを作ることは経済的には不可能だが、リッター100馬力くらい出せるエンジンを作ることは出来ないことではない。そのうちに経済状態も良くなり、我々にも力がついてくれば、外国にも負けないレーサーを作って外国でレースすることも出来よう。それには、リッター200馬力は出さなければならないだろう。

　そうなると、日本車も外国に認められ、どんどん海外に輸出できる時代が、我々の努力次第で可能になると確信している。

　オートレースと国産自動車工業の発達とは車の両輪のごとく、片方だけが単独に進むことは出来ない。この数年間、両者が相伴なって進歩することであろう。

（1952年3月）

オートレースと国産自動車工業

豊田喜一郎

戦後競輪が非常に盛んになったのでオートレースも最近ポチポチ始められかかつて来た。競馬とか競輪とかには夫々その目的があって始められ、且その目的を達成する為に、大衆の興味を魅く様に興行されている。競馬には馬種の改良自体の目的であり、競輪には競輪自体の改良がある筈であって、オートレースにもそれぞれ独自の目的が存在して居る。大衆の興味を魅く様にするに興行されているが、その結果が、競走場裡に現われるので、馬種改良を研究する人は勿論、馬の事に知識経験のある人は、非常な趣味と興味とを持ち益々研究を盛んにして品質の向上がはかられるのである。

それと同様にオートレースにおいてオートバイや自動車に対して知識経験を持っている人は非常な興味を持つべき筈のものである。未だ日本においてはオートレースは最近のことであり、且機械的方面の知識が余り普及していないので、オートレースに興味を持つ人が刺合に少いかも知れないが、今後日本においても益々盛んになると思う。オートレース自体の興味と共に益々オートレースが社会的興味の魅かれるものになると思う。

馬種の改良とか云う事は、極く専門の人が永年の間掛って順次行われるので、馬種の改良は永年の間苦心研究して、その結果が、競走場裡に現わ

れるので、其の進歩も余り目立っては勿論、馬の事に関心あるいは興味を持つ人は、非常な趣味と興味経験のある人は、非常な趣味と興味とを持ち益々研究を盛んにして品質の向上改良研究がなされ、其の結果を逐く実現し得るので進歩も早く、従ってオートレースは急速な発達をするものと思われる。

外國においては、自動車の製造家はこの方面に趣味のある人は、レーサーを自分で作ったり競走場にもこの方面の知識を豊富に持って非常な興味と期待とを持ってこの競走を見ている。日本も近い将来に於いてはこう云う風になって来ると思う。又そうなって来る事によって一般の人々も、機械的欠陥を相当に認められて来る人間とか云う事が漸々完全に動かす風に作り上ると云う風になって、来一体になってはじめて満足な働きが出来るのである。

私も曾ては自動車の製造をした事もあり、従ってオートレースの其のテストに依って改良研究し、其の結果として改良研究の程度も向上しなければならないのであるが、自動車を如何にしてテストするかと云う事が一番苦心した事であった。

私が最初に自動車を造り掛けた時、一番苦心したのは、造った自動車の所謂文明の程度に近い自動車を運行して見たり、破壊試験なり磨減試験などをして段々改良し、今日の車に迄仕上げた現在においてはトラックに関し

発達と云う事には少なからぬ興味を持っている。すべて機械というものは理屈通りに動く筈のものであるけれども、人間の考えた理屈うまくいったとしても、三台や五台を使用し得るか否かがわからぬ。自般市場に沢山出して果して満足して使用し得るか否かがわからぬ。自動機械の様に、自分の処で五百台一般動作して見る事が出来ないが、先ず安心して機械を造り得るが、自動車はその様な機械を造り得ない。幾何と云ってもそこに機械を造って、これを改良して二三十台が完全に動き得る様に改良し、その次にこれを五百台なり六百台なりとしたいきて十二三十台が完全に動き得たと思って、二三十台がまた故障する様な処に直ちに行ってこれをやって見ると、又故障がまた現われる。かくして、五百台の欠陥が現われた。そして、一般の人々もこれから自分で自動車を運転することに慣れない人間は、機械的欠陥ばかりではなく人間にも欠陥がある。従ってこれをなくさなくてはならなかった。其れ共に機械も相当に欠陥を除いていったに尤もお詫びしつつ製造していた次第であった。當時、直轄官庁である商工省としては、年に二回も三回も我々製造家を集めて、千軒或いは二千軒の自動車が山積、泥濘の悪い所、或は山坂の多い所、道路の悪い所を運行して見たり、なるべく山坂ではフルスピードで走らしたりする様々な試験をして段々改良し、今日の車に迄仕上げた現在

である。

座談会「故豊田喜一郎氏を偲んで」

「喜一郎論文」(『愛知トヨタ』1952年3月号)
愛知トヨタの広報誌『愛知トヨタ』に掲載された「オートレース特集」記事の中の「オートレースと国産自動車工業」(全2ページ、約4,000字)。喜一郎は、この論文で、オートレースは自動車工業に不可欠なものであり、両者はクルマの両輪のごとく、相伴って発展するだろう、と述べている。この論文の前には山口昇(愛知トヨタ社長)と川眞田和汪(トヨモータース社長)の対談記事「出発点のオートレース」が掲載されている。

座談会「故豊田喜一郎氏を偲んで」(『流線型』1952年5月号)
1952年3月27日に急逝した豊田喜一郎の名古屋での告別式の前日、4月6日に行なわれた座談会の記事(全8ページ)。主催は『流線型』の自動車週報社。

35

座談会「故豊田喜一郎氏を偲んで」

　喜一郎の名古屋での告別式の前日、1952年4月6日、故人と親しかった人たちによる座談会「日本の自動車工業を築いた人　故豊田喜一郎氏を偲んで」が催された。(『流線型』1952年5月号)

　出席者は次の通り。神谷正太郎(トヨタ自販社長)、山口昇(トヨタ自販協会会長)、大町北造(車体協会会長)、伊藤久雄(自工会理事)、坂薫(八千代証券社長)、隈部一雄(工学博士)、稲垣平太郎(日本自動車会議所会長)、弓削靖(自工会会長)、石田退三(トヨタ自工社長)、菅隆俊(刈谷工機社長)、齋藤尚一(トヨタ自工取締役)

　以下は、出席者がレースに関して発言した内容の抜粋である。(発言順。カッコ内筆者補足)

山口昇：乗用車の問題に関して、「オートレースと自動車工業」についてご意見を伺ったところ愛知トヨタが出している雑誌(広報誌『愛知トヨタ』)に早速原稿をくださった。(1952年)3月7日か8日にお届けいただいた20枚の原稿だが、おそらく故人の絶筆だと思う。端的に言えば、トラックは貨物を載せて走るが、乗用車は人間を載せるもので危ない車は作れない。それについてはオートレースをやるということは、要するに乗用車のために非常にいい結論がでてくるのではないかということだった。

石田退三：「どうも(トラックで会社は立て直せるという発想は)素人でいかん。一番、乗用車の完成を期するのは、あのオートレースをやるような、非常に小さいエンジンで、非常に強力な馬力の出るエンジンを研究しなければならない。今、俺がやっている。それが完成すれば帰る」と叱られた。

神谷正太郎：おそらく故人の意志はそこにあって、(オートレースは)われわれ販売店がお先棒を担いでいると思われるでしょうが、石田社長から大変いい話を伺ったので、故人の意志通り(レースの振興)に励みたいと思う。

坂薫：(1952年)1月末に店に来られて「日本のオートレースは関東レースしかやっていない。オートレースを盛んにするには、国産レーサーを作らなければならない。自動車振興会にクラブをおいて、トヨタ、日産、オオタと関東レース(競走会)、自動車振興会の5社と話し合いたい」といっておられ、近く会談の運びとなっていた。

弓削靖：オートレースに対しても、技術家としての熱情を持っておられたが、また、その企業化についてもしっかり考えていた。

　関係者のオートレースに対する前向きな姿勢が伺える。ただし、この座談会に出席した隈部一雄は、オートレースに関しては、なぜか、一言も発言していない。

　隈部への「改良型」レーサーの開発委託の話が持ち上がったのはその後である。

　なお、この記事の山口昇の発言から「喜一郎論文」の存在を確信し、愛知トヨタに探索してもらった結果、その発見に至ったものである。2006年2月のことであった。

**「改良型」レーサーの開発・製作は
クマベ研究所に委託**

　1952年4月下旬、ト販協の役員会で、山口理事長から「豊田前社長が逝去されたため、神谷社長と相談の結果、クマベ研究所にレーサーの開発・製作を依頼したので了承願いたい」旨、報告された。

　九里重役からは「隈部研究所を主体で進めていくことになった。レーサー2台を8月中に完成する予定。予算負担は挙母(自工)と相談して決める」との報告があった。

　隈部は4月下旬、事前に神谷自販社長に書簡を送り、自工との関係について相談している。

　　技術的には極めて興味もあり、有意義でもあるので、ぜひやりたいとは思うが、軽々にはスタートしかねる。十分な用意をしてかかりたい。ついては、いずれ自工にも世話になるし、十分な連絡なしでやることは、将来の禍根にもなる虞があるので、予め自工と連絡とりながら進めたい。自分から連絡してもいいし、貴殿から連絡いただいてもいい。ご意向を伺いたい。

　　もし自工が自らやるというのであれば、考え直す必要がある。自分としては、先々のことを考えて、市販車の改良に役立つようやっていきたい。そのためには自工が積極的に成ることを希望する。当方としては基本的な調査だけは進めているが、一日でも早くスタートすべきと考えている。

この書簡に対して、神谷からどのような返答があったのかは記録がなく、定かではないが、結果的には、レーサー開発業務は、1952年4月、クマベ研究所に委託されることになった。（隈部一雄「レーサー試作の経験」『モーターファン』1957年6月号）

クマベ研究所での「Auto-racer」企画・検討

　「改良型」トヨペット・レーサーの委託先がクマベ研究所に決定した頃のクマベ研究所「Auto-racerニ関スル打合セ議事録」（1952年4月21日）が残されている。注4

　自販の企画書と同様に、この議事録でも「過給機（スーパーチャージャー）」の設定に言及されているが、「改良型」のレーサーには、採用はされていない。机上の検討だけに終わったのかもしれない。

隈部一雄から豊田・齋藤両常務への協力依頼

　1952年5月、隈部から自工の豊田英二・齋藤尚一両常務宛に「競争用自動車製造ニ関シ御依頼ノ件」（ママ）という依頼書簡が送られた。

1）目下、各種の資料の蒐集、実物による研究等準備中。並行して、エンジンの設計、シャシーの一般配置等の図面進行中。暫定仕様書同封。計画の進行とともに変更の可能性あり。

2）かねて依頼中のシャシー設計者の派遣につき、至急ご返答を願う。

3）部品の支給の依頼
- エンジン関係（S型）シリンダーブロック上面　未加工品、エンジン部品一切（ピストン、ピストンロッド等コンプリート、カムシャフト、オイル系統、電気系統、燃料系統等）
- 車体関係　SAのミッション、クラッチ一切　2台分
- 低ギア比のデフ、車軸アッシー、2台分

4）エンジン動力計の貸与

5）最低限の技術支援　計算（クランク軸の限界速度等）、測定（回転部分のダイナミックバランス等）

6）仕事の進行に伴い、種々お願い事項が発生すると思うが、なるべく迷惑にならないよう留意する。

　この依頼状の写しは自販神谷社長にも送られ、隈部はその書簡の中で、年初に話題に上がっていたブガッティの活用に言及し、次のように述べている。

　Bugattiは2、3年前既に故人になり、有名な車には違いないが、既にhistorical interestのものになったこと、日本のレースの規格では大き過ぎて出場出来ないこと等の諸点から、それに、設計参考用および部品手配・流用の都合から、むしろMG TDまたはTC、あるいはCrosleyの方が好都合。予算のこともあるので、相談したい。また、スーパーチャージャーの発注手配が可能ならば、改めて相談する。

　結果的には、ブガッティやスーパーチャージャーが活用されることはなかった。

　1週間ほどして、豊田常務と相談した自販宣伝部の山本直一から、隈部に下記のような返答があった。

- 設計者を自工から派遣する余力はまったくない。そちらで探してほしい。
- 部品については、自販側が賛成なら、自販側にインボイスを切って出荷してもよい。改造部品については、詳細を聞いたうえで相談。
- 4）、5）、6）についてはまだ考えていないが、4）は困難。
- 図面は貸出不可、写図も不可。見るのは可。
  （ただ、そうはいうものの適任者が責任を明らかにした上でならば、便法も講じよう／齋藤常務意見。決して非協力的なわけではないのでご理解のほど）

　その後、豊田・齋藤常務に加えて梅原（技術担当）重役、山本で、相談の場が持たれたようであるが、内容は不明である。

自工の内部事情

　1949年10月に乗用車の生産制限がGHQによって解除されて以来、この時期、自工では本格的な乗用車の開発が急ピッチで進められていた。また、1951年2月策定された設備の合理化・近代化を目指す「設備近代化5ヵ年計画」（1951年4月～1956年3月）にも取り組んでいた。

S型エンジンは、1947年4月にはSB型トラック、1949年11月にはSD型、1951年11月にはSF型、1953年7月にはSH型等、10種類を越える小型乗用車・トラックに搭載されたが、力不足が否めなかった。

　R型エンジンは1951年1月に、第1次試作を完成させ、1952年8月には、量産設計が完了した。R型エンジンは1953年10月にトヨペット・スーパーRH型とRK型トラックに搭載された。トヨペット・クラウンRS型は1951年1月から開発がスタート、乗用車専用シャシーを採用、1952年には何種類かのスタイル検討用モデルが製作された。

　RS型は、1953年1月には正式な設計が開始され、第1次試作は1953年6月に完成、発売となったのは1955年1月であった。

　それらの他に、1951年1月には、ジープ型トラックの試作を完成させ、4トン積のBX型トラックを8月に発売するなど、自工は、数多くのプロジェクトを抱えていたのである。

　したがって、レーサーに関する、隈部の自工への協力要請に、すんなりと応じられるような状況にはなかったことは想像に難くない。

　1952年9月のト販協役員会で、山口理事長は「試作車は9月には完成するので、レースに使う場合の処理について相談したいが、数字その他不鮮明な点があるので次回としたい。他社のレーサーが続々完成している。乗りかけた船なので時流に乗りたい。使用に関して自販と相談したが、東京トヨタでお世話願うしかないと思う。ただし、結構な経費がかかり、東京と愛知で負担してはどうか」との発言があった。

　「改良型」レーサーの完成は、1952年末から翌年夏にかけてであった。

「レーサー試作の経験」──喜一郎の遺志を継いで

　1957年6月、隈部一雄は改良型トヨペット・レーサーの開発の経緯を『モーターファン』誌（1957年6月号）に「レーサー試作の経験」として、寄稿した。その冒頭で次のように述べている。

　　自動車の性能向上のために、自動車競走の持つ意義は極めて大きい。（中略）わが国では、まだ本格的な自動車競走は行われていないし、外国の自動車競走に出場するだけの実力もないのは残念である。しかし、昭和25年に「小型自動車競走法」という法律が発布されて、ごく小規模な見世物的なレースが行なわれ出しているし、一昨年（1955年）の「浅間レース」は、周回21.9kmのコースでやや本格的に行なわれた。このような機運を早く育てたいものである。

　　私は早くからレーサーの設計をしたいと思っていたが、なかなか実現できなかった。故人となった豊田喜一郎君もそのような希望を持っていたが、昭和27年に不幸にも他界した。豊田君の希望をトヨタ自動車の販売店協会の人々が受け継いでいることを聞いたので、いろいろ交渉した結果、その設計、製作を私が引き受けることになった。

　　そのレーサーは、小型自動車競走に出場することを目的とし、必要な部品は、トヨタ自動車工業株式会社から支給して貰うことになった。交渉が纏まったのは同年の4月、出来上がりは8月、3台を製作する予定であった。（中略）

　　（試験設備もなく）実に苦しい思いをしたが、とにかく予定より大分遅れたとは云え、28年の1月には第1号車を競走に出走させることができ、好成績をあげることができた。その後28年の2月に第2号車、8月に第3号車を完成し、発注者側に納入した。（中略。以下「むすび」部分）

　　私としては、2号車、3号車に期待をかけ、以後逐次、改良していくつもりであったが、いろいろな事情で、実際レースで活躍したのは、1号車だけであったのは残念である。このレーサーが完成するころには、トヨペットのR型1500cc（エンジン）がすでに完成に近づいていて、それに対する世間の期待が大きいために、私の設計があまり注意をひかなかったこと、当時自動車業界が極端に不景気になったために、レーサーの仕事に同情が集まらなかったことと、私自身も事業のさてつ（蹉跌・つまづき）のために、その収拾に全力を奪われたことなどのために大成しなかったのは残念である。

　　当時は、前にも述べたように、出来上がった車を試験する場所もないような始末であったが、現在では、時間的には、僅か4、5年の隔たりであるが、そのような条

ミーティング中のクマベ研究所スタッフ
（左端隈部、手前はトヨタ側か）

エンジン部品の検討（左端：初期型レーサー2号車）

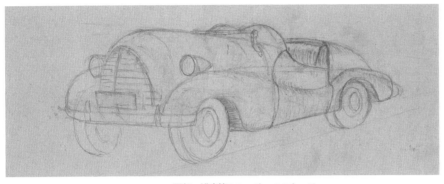
隈部一雄直筆のレーサーのスケッチ
クマベ研究所寄贈品で隈部一雄の遺品（あるいはスポーツカーか？）

隈部一雄
©トヨタ自動車

1号車のフレーム
トラックのサイドメンバーの中央部をカット、短縮して前後部を結合。
前後を逆に配置。前車軸のフレームにキックアップを設け、地上高を低くしている。

豊田喜一郎と改良型トヨペット・レーサーの関わりを示す記事
「前トヨタ社長豊田喜一郎氏の遺志を継いで出来上がったもの」
と明記されている。

件は著しく改善されている。よい乗用車を産むためには、レーサーのような、ギリギリ一杯の条件を充たす車の研究が必要であるが、今後もチャンスがあれば、またこの仕事をしてみたいと思っている。

現在の小型自動車競走に対して、自動車メーカーはほとんど無関心である。自動車メーカーが直接これに関与することは、いろいろ営業上のこともあって、むつかしい理由もあろうが、これをバックアップして、小型自動車競走という法律が出来た時の、うたい文句の、自動車技術の向上に資するという理想が実現するよう努力することは、社会的の義務であろう。

実際、今の自動車競走は児戯に類するといって白眼視されても仕方のない理由もあろうが、もっと大局的に、本格的レースに発展する一段階として利用されることを望みたい。（1957年4月）

上の記述は、喜一郎自身、レーサーを作りたいという希望を持っていたが、志半ばで他界したことを示している。

隈部の言葉には、レースに対する変わらぬ熱い思いと諸々の事情により、盟友喜一郎の遺志に応えることができなかったことに対する忸怩たる思いが溢れている。

当時の雑誌等に見る「改良型」レーサー
（1）出典不明（1953年1月）

出典は明らかでないが、おそらく業界新聞か自動車雑誌と思われる。クマベ研究所製の改良型トヨペット・レーサーに関するもので、喜一郎のレーサープロジェクトへの関与を示す重要な記事である。

新レースカー　ペットで二台

トヨタ自動車の新レースカー二台がこの春からオートレースに出場、活躍している。さる二日からの川口オートレースに出場すること四回、うち三回入賞（二着一回、三着二回）。初出場としてはまず立派な成績だと関係者を満足させている。新レースカーは「東京ペットワン」「同ペットツー」と命名されているが、これは前トヨタ社長故豊田喜一郎氏の遺志を継いで出来上がったもので、いろいろな意味で注目すべきものを持っている。

故豊田氏はレースカーの製作は単に興味本位のものでなく国産車の技術向上に必要だという見地からその製作に打ち込んでいたが、昨年三月業半ばで急逝した。

そこで（1952年の）四月からこれをトヨタ自販と同販売店協会が協力、前トヨタ副社長隈部博士もこれに応援、旧臘（きゅうろう）（昨年12月）完成したもので、トヨタとしてはレースを通じてシャシー、エンジン、パーツなどの技術の向上、改善に注力する方針を明らかにしており、スーパーチャージャー取り付けも研究の予定である。

この記事は喜一郎が国産車の技術向上を目指し、初期型トヨペット・レーサーの製作に関わったこと、彼の死後、隈部一雄が改良型レーサーの開発・製作に当たり、1953年春から実戦レースに投入されたことを示している。

（2）『モーターファン』（1953年3月号）

（1）と酷似しているが、開発の経緯や諸元表などの説明もあり、より詳しい内容となっている。

トヨペットレースカー完成──編集部

オートレースは自動車の性能を向上させるために必要不可欠のものとして早くから欧州各国で行われているが、我国でも小型自動車の品質改善、性能向上、小型自動車工業の振興を目的として、昭和25年4月、小型自動車競走法の制定により、船橋、川口等において行われてきたが、昭和27年1月より従来のオートバイに小型四輪車も新たに出場することになり漸く盛況になりつつあり、特に去る1月2日より船橋レースにおいては6日間に8000万円の売上げを挙げる等、益々活況を呈している。

国産の四輪レースカーは従来ダットサン、オオタがあったが、トヨタ自動車工業でもかねてからオートレースが一般車の性能改善の良きテスト場として注目し、これへの参加を考え既に昭和24年には他社に先んじて2台のレースカーを製作したのであるが、当時はレースカーの製作技術者も少なく、また海外資料の入手も困難であった等の関係で、期待ほどのものが出来ず陽の目を見ずにしまったのである。その後トヨペットの量産に追われなかなか具体化しなかったのであるが、昨年4月トヨタ自動車販売株式会社とトヨタ自動車販売店協会とが協力

改良型1号車の外観
コンパクトなボディは「初期型」に比べると、はるかにスタイリッシュで、同時代のヨーロッパのシングルシーターの雰囲気が感じられる。

改良型1号車運転席
ドライバーはギアボックスの両側に足を置く。右にスロットル、左にクラッチペダル。ブレーキはボディ左側に備わるレバーを引くと後輪にブレーキがかかる。

改良型トヨペット・レーサーの完成（『流線型』1952年11月1日）
「かねてトヨタ販売会社（トヨタ自販）及び販売店協会（ト販協）からクマベ研究所へ製作を依頼中だったトヨペット・レーサーの試作がこの程完成した」とある。

完成した改良型1号車を見る関係者
1952年末に完成、翌年1月に実戦投入された。「東京ペットワン」のニックネームで活躍した。

し、前トヨタ自工副社長、工学博士隈部一雄氏に委嘱し製作に乗り出すことになり、爾後8ヶ月を経て昨年12月1号車、2号車の完成を見、東京ペットワン、東京ペットツーと名付け競走会の認定も通過し、本年の川口レースよりトヨペットレースカーとして初出場することになったのである。

1号車のエンジンは現在のトヨペットを一部改造してレース用ボデーを載せたものであるが、2号車はレースカーとして設計されたエンジンでオーバーヘッドカムで気化器も2個取り付け、7500回転という高性能なものであり、ボデーはアルミニューム製である。

なお同社ではさらに3号車、4号車も製作中であるが、このレースカーの研究製作を通じてトヨタ、トヨペットの一般的性能の向上を目的とし、本格的に乗り出したものであるといわれているので、国産車の品質向上という見地よりこの方面への進出は大いに期待されるところである。

この記事は、初期型のトヨペット・レーサーは、他社に先んじて登場したものの、実際のレースには出場しなかったこと、1952年4月から隈部によって改良型レーサーの開発が始まり、12月に車両が完成したことを示す。

クマベ製「改良型」レーサーの構造

図1および図2は、第2号車の全体図、p.41に1号車、p.48に2号車の完成写真を示す。第1号車は早くまとめるために、S型エンジンを一部改造して載せ、変速機はトヨペットSAのシンクロメッシュを外して使用された。第2、3号車には新設計のエンジンが載せられた。

シャシーの主要寸法は下記の通り。

	1号車	2、3号車
ホイールベース	1,982mm	1,910mm
トレッド(前)	1,050mm	1,070mm
トレッド(後)	1,050mm	1,150mm
タイヤ(前)	4.00-17	5.00-16
タイヤ(後)	5.00-16	6.00-16
車両重量	約450kg	←
変速比	3.87、2.12、1.00/5.41(後退)	
最終減速比	6.50(6.0〜7.0)	

変速比はトヨペットSAのギアをそのまま使ったため、第1速の値が大きすぎ、スタートの時はいつも出遅れた。2、3号車では重量軽減のため、トランスミッション・ケースを軽合金製として新製したがギアを新製するだけの余裕はなかったという。

リアアクスルは他の国産車の部品を使ったが、一般に当時の国産車はギア比が大きすぎて困ったようだ。トヨペットSAはリアアクスルがスイングアクスルであり、当時、製造を中止していたので、これを使うことは問題にならなかった。表に上げた6.50は設計当初に使ったもので、実際のレースの途中で、異なるギア比のものを使ったようだが、その状況は明らかでない。

エンジン関係

第1号車にはS型エンジンのインテーク・マニホールドを改造した程度のものをそのまま搭載。本意ではなかったが、時間の余裕がなかったので大事をとって、そのように決定。改良の狙いは生ガソリンがシリンダー内に直接流れ込むのを防ぐために、排気との熱交換の面積を大きくしたこと、1−2気筒と3−4気筒との間の吸気の干渉を防ぐために両耳に容積をつけたこと。

2号車と3号車には新しく設計した、OHCの高速エンジンを搭載。このレーサーの最大の特徴であり、隈部が努力を払ったのもこのエンジンである。

エンジンを完全に新しく設計・製作することは時間的にも経済的にも許されないので、熟慮の結果、次のように方針が定められた。

シリンダーブロックはS型エンジンのものを使い、サイドバルブのポートを塞いで、シリンダーヘッドを新造し、OHC化する。エンジンの最高回転数を8,000rpm以上とする。吸排気バルブ、バルブスプリング、カムシャフトなど、高速運転に必要な部分は新しく作る。オイルパンは冷却に優れたドライサンプとする。マグネトー点火とする。圧縮比を7.5以上とする。

当時、MGのエンジン(1952年頃の型。小早川元治氏提供)を参考にしたので、その影響が大きいが、S型エンジンのシリンダーブロックをベースにするということで、いろいろ苦心した。シリンダー径とピストンストロークはS型と同じ、65×75mm、4気筒995cc。

図3に新製のシリンダーヘッドを示す。燃焼室は小

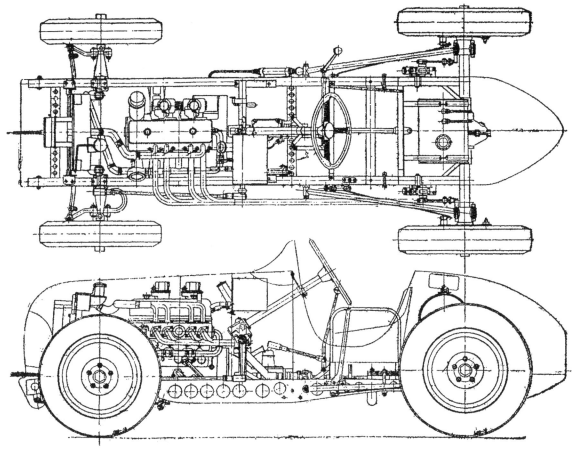

図1：改良型トヨペット・レーサー　平面図・側面図(1953年)
トヨペット・トラックのサイドメンバーを改造したフレーム。多数の軽減孔。フロントサスペンションは、半楕円の両持ちばね、筒型のショックアブソーバー。リアは半楕円の片持ちばね。左右2本のロッドで、横方向を規制。ロッドとサイドメンバーの間にスウィング式ショックアブソーバーを装着。

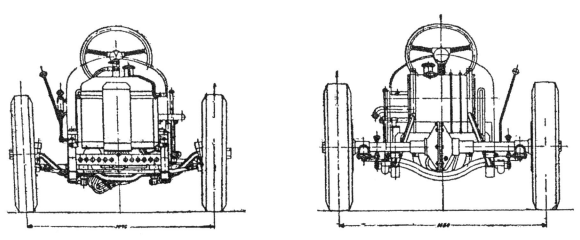

図2：改良型トヨペット・レーサー　正面図・背面図(1953年)
第1クロスメンバーに多くの軽減孔。後部の第3クロスメンバーはプロペラシャフトを通すためとフレーム剛性アップのため太いパイプに変更。

判型とし、吸入孔、排気孔はシリンダーごとに別個とし、特に吸入孔は、短く、かつ曲がりができるだけ避けられている。インテーク・マニホールドは1-2気筒、3-4気筒を一括して、それぞれにキャブレターが付けられた。

1-2気筒のマニホールドと3-4気筒のマニホールドは、16mmφの鋼管で連結し、両方の息つきをバランスさせるようにした。この設計は、キャブレターから来る生ガスが直接シリンダー内に流入するのを防ぎ、かつ吸入孔の長さを短くできる利点がある。

図4にバルブ系の構造を示す。カムシャフトはクランクシャフト前端の傘歯車により、直立の軸を回し、その上端の傘歯車により、カムシャフト前端の傘歯車を駆動する構造。カムシャフトのベアリングは3個で、メタルにはケルメットを使用。この構造では、バルブ系の慣性を小さくできるが、バルブロッカーとカム面との摺動線速度が速いため、ロッカー表面の磨耗防止に苦労。この部分の設計・材質・加工精度はなお問題を残している。バルブステムからのオイル下がりも検討不足とされた。

図5にカムシャフトとバルブ開閉時期の線図（最終仕様）を示す。当初、インテーク開-25°、エキゾースト+30°をトライしたが、上死点のオーバーラップが大きいものは、高速性能はよいが、スタート時のクランク速度が速くないと、逆火を起こし、スタートが困難だったという。

クランクシャフト、メインベアリングはシャフトの追加工のみでS型の部品をそのまま使用。

ピストンは純正部品の形状をそのまま使い、材質変更、オイルリングを薄いものに設計変更。

コンロッド、親メタル、子メタルは、S型の部品そのままで十分だった。

バルブおよびバルブスプリングはすべて新製、バルブの材質は高度の耐熱鋼とした。ウォーターポンプは大容量のものを新製、水量はS型の数倍。オイルポンプもクランクシャフト先端のギアで駆動され、1個は運転台のオイルタンクからエンジン各部に圧送、もう1個はオイルパンからオイルタンクに返送する。

図7はエンジン前部、クランクシャフト先端の補機駆動部の組立図。純正部品のファンベルト・プーリーとスターティングハンドル・クロークラッチを取り外し、その部分に傘歯車、はす歯歯車を取り付け、前者はカムシャフト駆動用、後者はマグネトー、オイルポンプ、ウォーターポンプ駆動用とした。2号車にはシンチラ（SCINTILLA）製の高速用竪型マグネトーを用いたが、入手が困難なため、3号車にはやむを得ずディストリビューターを取り付け、バッテリー点火とした。ラジエーターは自然循環式だが、2号車、3号車にはオイルクーラーを設けた。p.47にエンジン外観を示す。

計画では、2号車、3号車のエンジンは6,000rpmで40HP以上の予定だったが、台上試験では無負荷で容易に8,000rpmを越えた。最も困難を感じたのはスパークプラグで、市販のものは国産、外国産を問わず、ほとんどこのエンジンには不向きだった。冷間では熱価の高いプラグでは、湿ってスタートせず、熱価の低いものでスタートさせると、たちまちプラグの先端が溶損するという苦心をなめた。この種のエンジンが普及するためには、マグネトー、スパークプラグなどの適切な電装品が容易に入手できることが必要であった。

シャシーおよびボディ

フレームはトヨペット・トラックのサイドメンバーを利用した梯子型。サイドメンバーの中央部を切り取ってつなぎ合わせ、前後を逆にした。この方法により、前車軸部にフレームのキックアップを設け、フレームの地上高を低く、クロスメンバーは、前、中央、後の3本としたが、1号車の後部のクロスメンバーはプロペラシャフトを通すために中央部に切欠きを作ったので、フレーム全体の剛性は、サイドメンバーと前、中央の2本のクロスメンバーで大部分を支えるような形となり、あまりうまくいったとはいえない。

2、3号車ではこの後部のクロスメンバーを太いパイプに変更。フロント・リアアクスルとも、国産他車の部品を使い、僅かな改造。フロントはぜひ独立懸架にしたいと思ったが、当時、国産車はすべて、在来方式の懸架方法を使っていたので、しいて独立懸架にすれば、全部を設計・製作しなければならず、見送り。

フロントの懸架は普通の半楕円形ばね、リアは半楕円の片持ちばねとし、それぞれ筒型、スウィング型の

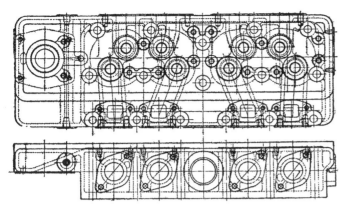

シリンダーヘッドの加工

図3：S型改エンジン　シリンダーヘッド平面図・側面図(1953年)
平面図の上側が吸気側、下側が排気側で、燃焼室は直立する吸排気弁を囲む小判型。

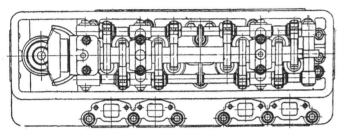

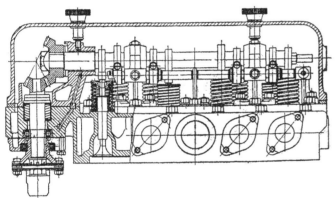

図6：S型改エンジン　バルブ機構正面図(1953年)
バルブロッカーは慣性重量が少ないスウィングアーム式で、8,000rpmの高回転が可能な動弁系。曲がりの少ない吸気孔(左)は直線的なマニホールドとともに吸気抵抗を低減。

図4：S型改エンジン　バルブ機構平面図・側面図(1953年)
カムシャフトはクランクシャフト前端の傘歯車上端部で駆動。平面図下側の四角の穴は冷却水出口、側面図の丸穴は排気口。

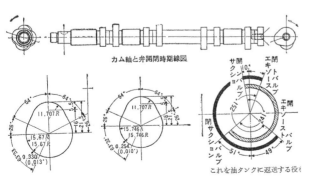

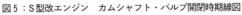

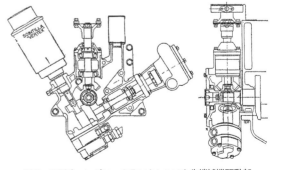

図5：S型改エンジン　カムシャフト・バルブ開閉時期線図
上死点のバルブオーバーラップは、インテーク開−10°、エキゾースト閉+22°と大きくない。開発当初はそれぞれ−25°、+30°も試したが、エンジン始動が困難なので小さくしたという。

図7：S型改エンジン　クランクシャフト先端補機駆動部
クランクシャフトの左側はシンチラ製マグネトー(上)とドライサンプ用オイルポンプ(下)、右側はウォーターポンプ、真ん中はカムシャフト駆動用の軸。

ショックアブソーバーを付けた。懸架ばねの特性を十分考慮に入れて設計する暇がなかったために、でき上がった車のサスペンションは極めて固かった。この程度の車に適応するショックアブソーバーが当時は入手できず、運転の安全のためには、どうしてもばねを硬くしなければならなかった。

ボディはアルミ板製とした。フロントのラジエーター・グリルはSA型乗用車のグリルを改造したものである。アルミのボディは熔接技術の点や使用中の応力による皺の発生等が心配されたが、実際にはまったく問題なし。

2、3号車に対しては、ステアリングホイール、計器類などすべて新製したため、いかにもレーサーらしくなった。

東京ペットワン、ペットツウの活動

クマベ研究所による1年近い開発期間を経て完成した第1号車(東京ペットワン)は、1953年「第1回船橋オートレース」(1953年1月～7月)に初出走して好成績を収めた。エンジン(SV)は在来のS型とほとんど変わらず、レース用に圧縮比、その他に多少の改良が加えられたものであった。

東京ペットワンはデビュー戦にもかかわらず、検定タイムから150m(規定走行距離4,200m)のハンディを付けられたが、見事3位に入賞した。初出走車は普通ハンディなしから出走するのだが、ドライバーの齋藤覺はトヨペット・レーサーの整備を担当していた現役選手であり、入念な整備と卓越した運転技術で抜群の成績を収めた。

2号車は整備の都合で船橋レースには参加できなかったが、OHC化だけでなく、1号車の欠点を改良した形で登場予定なので、活躍が期待された。

齋藤はペットワンと今後の見通しについて下記のように語っている。

> トヨペット・レーサーはたまたま私たちの工場で整備しているので、その性能からしてかなり期待していた。ペットワンはいわゆるサイドバルブ型で、純然たるレースエンジンではないが、B級レース用としては立派なものだ。もちろんこれまでエンジン・シャシーのテストが何度か行われたが、デビュー戦にもかかわらず不成績(6位)が4レース中1回、後は2、3位という成績だったのはせめてもの幸い。1号車の結果は2号車に反映され、活躍が期待される」(『オール・トヨタ』1953年1月17日)

東京ペットワンは、船橋レースに引き続き、1月23日から開催された川口レースのA級・B級混合戦に出場、齋藤覺選手が1位2回、2位1回、4位2回という好成績を獲得し、B級とも互角以上に戦えることを示した。ペットツウ(A級・OHC)への期待が益々高まった。(『オール・トヨタ』1953年2月5日)

ペットツウは1953年第2回川口レース(2月5～10日)に初参加したが、1レース目はスリップにより反則失格、2レース目はピストン熔解からバルブ破損を招き、出走を断念した。(『オール・トヨタ』1953年12月19日)

隈部一雄も前述の「レーサー試作の経験」の中で「レースで活躍したのは、1号車だけであった」と述懐している。

トヨペット・スーパー・レーサーの登場

しばらくして、昭和29(1954)年4月下旬には、R型エンジン(1500cc)に換装した「トヨペット・スーパー・レーサー」が登場してくる。当時の写真で見るかぎり、外形はクマベ研究所製の「改良型トヨペット・レーサー」と同じである。エンジンをS型からR型に変更したものと思われる。

1954年4月30日のデビュー戦から3ヵ月間で16戦のレースに登場した「トヨペット・スーパー・レーサー」は1位3回、2位7回、3位2回と目覚しい成績を残した。この頃になると、「四輪車のレース」の人気は高まってきて、船橋では1日3レース、川口でも1日2レースを編成、出場車も27台を数えるほどになった。

5月25日に開催された「第6回船橋オートレース」(3,400m)には、日本経済新聞社杯がかけられた特別なレースだったが、80mのハンディを付けられた「トヨペット・スーパー・レーサー」はハンディなしのクロスレー、40mハンディのオースチン、ランチア、80m

改良型2号車シャシーの組立て状況
数多くの軽減孔が見られるフレーム。

エンジン(右側)外観
冷却水は左下のウォーターポンプ(白)からパイプでシリンダーブロック後端に送られ、シリンダーヘッドを通って、上面から排出、黒いパイプでラジエーターに送られる。

エンジン(左側)外観
エンジン最上部に気化器2個を装着。吸気マニホールドは抵抗の少ないストレートタイプ。前面の黒い筒はシンチラ製マグネトー点火装置。反対側にウォーターポンプ。

改良型 2 号車の外観

改良型 2 号車の正面視。前輪にブレーキは付いていないことに注目。

改良型 2 号車の運転席。1 号車のインパネと基本的に同一。一般面は白く塗装されている。エンジンルームを隔てる防火壁はない。

完成した改良型 2 号車を見る関係者
1953 年 2 月に完成し、トヨタ側に納入された。OHC エンジン搭載、期待されたが、あまり活躍することはなかった。8 月には 3 号車が完成したが、活躍した形跡は見当たらない。

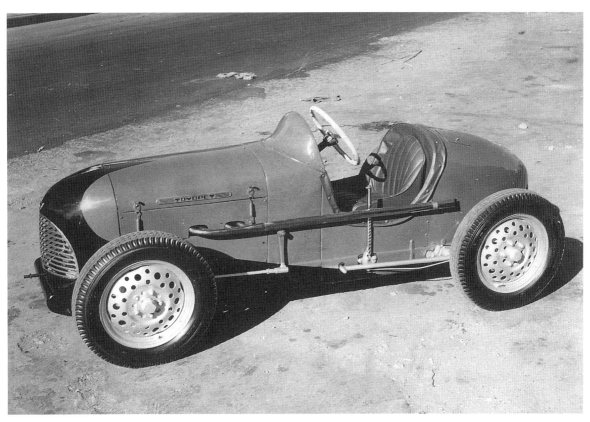

改良型 2 号車
エンジンのOHC化、フレーム等に改良を加え、1号車からの改善が図られた。外観上は、カラーリング、排気管、タイヤホイール等が異なる。

改良型 1 号車（東京ペットワン）に乗る齋藤覺
1953年1月2日から6日間にわたり開催された、船橋レースに出場し、好成績を収めた。

ハンディのプリンス、くろがねを追い込んだばかりでなく、MG（1951年型）の追撃をかわし、齋藤覺選手が優勝杯を手にした。（『オール・トヨタ』1954年6月20日）

『オール・トヨタ』誌の「トヨペット・レーサー」に関する記事は、ここで終っている。

5　四輪車オートレースの終焉

理由は定かではないが、隈部の前述の記事「レーサー試作の経験」には、R型エンジン搭載車については、一言も触れられていない。R型エンジンへの換装の時点では、「トヨペット・レーサー」のプロジェクトは、すでに隈部の手元を完全に離れてしまっていたのかもしれない。

そして、「自動車技術の向上に資する」という喜一郎や隈部たちの当初の理想と離れて、オートレースは、だんだんギャンブル的色彩が強くなっていったものと思われる。

『三十年の歩み』（トヨタ自動車販売店協会　1977年）には、以下のように記されている。

　このレーサーは販売店協会が管理者となったが、協会には保管場所がないので、初めは東京トヨタ、あとで東京トヨペットに保管整備を依頼し、サービス部長がその任に当たった。
　興行としてのレース面の一切の責任については、別に専門機関を設けて委ねた。出走手当や賞金はその機関が取得し、協会では賞状だけを預かった。これはあくまでメーカーは直接ギャンブルにタッチせず、技術改良を目的としてオートレースに参加しているのであるという筋を通したためである。
　当時、トヨペット・レーサーの整備の責任者であった東京トヨペットのサービス部長弓削誠（後にトヨペットサービスセンター社長）は、その印象を次のように語っている。
　「私はトヨペット・レーサーの整備の責任を持たされていたので、船橋や川口レースを見に行ったことがある。私はそれまでギャンブルにはあまり関心がなかったので、レーサーも純技術的にばかり考えて整備した。しかし、レースに行ってみて驚いた。それは技術的なものではなく、まったくのギャンブルである。私が一所懸命整備した車がどうして勝てないのだろうと不思議に思ったこともあったが、それはレースの作戦によるものであった。あまり勝つとハンディが大きくなるので、適当に走っていて、賞金の大きなレースで勝つようにするのだという。これでは技術改良には役立たないと思った。そんなことで協会もオートレースからいつとなく手をひいたのであろう。あのレーサーは今、東京トヨペットサービスセンターの倉庫に眠っている」

船橋や大井の一周800メートルのコースで、どうして200キロものスピードで、技を競うことができよう。その意味では販売店協会の一つの事業ではあったが、弓削のいうようにオートレースは、トヨタにとっても、販売店にとっても、あまり意味のあるものではなかったといえよう。

吉岡光三は『オートレース』（埼玉県小型自動車競走会　1957年）の中で次のように述べている。

　船橋が最初に本格的オートレースに名乗りをあげたが、車券売上の業績は芳しくない。26年10月には、関西の園田競技場も店開きをし、翌11月には山口県柳井競技場が華々しくオープンしたが、同様。オートレースは開催して間もなく沈滞期に入った形である。とても競輪のような人気は沸かないし、車券の売上はその足もとにも及ばない。

また、『オートレース30年史』（日本小型自動車振興会　1981年）によると、当事者たちの意気込みと目論見とは裏腹に、事業としては、競技場の選定、買収、建設のごたごたから始まって、業績の不振、事故の続出、安全問題、競技車両やドライバーの不足、騒擾事件、相次ぐ不祥事（不正レース問題）等、大変厳しい経過をたどったようである。

1973（昭和48）年4月、関係者は四輪車の安全確保について検討し、さらに5月の会議で、ついに四輪車レースの廃止を決定した。1952（昭和27）年1月から21年5ヵ月間、オートレースファンに親しまれてきた四輪

トヨペット・スーパー・レーサー(1954年)
外観は、前モデルと変わらない。エンジンのみS型からR型に変更したものと思われる。隈部はこのエンジンの変更には関わっていなかった模様。当時の『流線型』誌には次のように述べられている。「国産レーサーの凱歌"1,500ccエンジン"トヨタ自動車では、1,500ccエンジンが生産販売されたのを機会にトヨペット・レーサーにも同じエンジンを装備して、船橋及び川口オートレースに出場させたところ、過去1カ月半の16回に対し、1着3回、2着7回、3着7回という驚異的な好成績を収めている」(『流線型』1954年7月号)

ドライバーは齋藤覺。

1954年4月の第1回全日本自動車ショウに展示されたトヨペット・レーサー(『流線型』1954年6月号に掲載された)

レースはその幕を閉じることになった。

　現在(2017年)「オートレース」は競輪・競馬・競艇と並ぶ「公営のオートバイ競技」として、形を変えて継続されている。

　金銭を賭けて、レースをすることを潔しとしない感覚が「四輪車」のレース関係者に根強くあったのであろうか。

　内山吉春は『スピードライフ』(1953年5月号)「世界のオートレースを見る」の中で、「(ル・マン等のレースの)目的がいずれも自国車の水準の向上を企図したものであることは疑う余地はない。レースというものは娯楽性の他に、もっと重大な自動車工学上の種々の問題を解決するという奨励的意味を含んでいるのであるから、賭博レースに終始する船橋、川口レースは考え方を改める必要がある。わずか800mばかりの馬場の中に設けたバンキングなしの砂地のような所を、埃を観客にひっかけて走るようではとてもオートレースとは申しかねる」と述べている。四輪車のレースが盛んになろうとしていた1950年代初頭にあっても、このような批判があったのである。

自動車技術の発展のために

　「トヨペット・レーサー」は今の技術レベルからすれば、まさしく「児戯」に等しいものであったかもしれない。ただ、終戦直後の自動車産業の確立もままならない時期に、自動車技術の発展のためにという理想を掲げて、限られた厳しい条件の中で、レースに情熱を傾けた先人たちがいたことは、歴史に留められてしかるべきであろう。

　隈部たちが、その後のF1に至るトヨタのモータースポーツの躍進を目の当たりにしたら、どんな感慨を抱いたであろうか。

6　隈部一雄のクマベ研究所での活動

隈部一雄の足跡

　隈部一雄は、1920(大正9)年、東京帝国大学機械科を卒業、豊田喜一郎とは同級で、3年の時に卒業実験を一緒に行なうことになり、二人は急速に親しくなった。卒業後、隈部は大学に残ることを命じられ、講師を1年、後に助教授に進み、もっぱら自動車を研究した。研究題目として、自動車を与えられたわけではなく、熱力学、水力学を専攻したのだが、当時は自分の好むところによって研究を進め、その傍ら、大学に残っていた自動車の残骸を動くように直すことが専門だった。あまりに熱心に自動車をいじるので、先生の勧めもあり、自身もその気になり自動車が専門になったという。(「国産自動車の生れるまで――豊田喜一郎と私――」『思想の科学』中央公論社　1960年2月号)

　その後、1933(昭和8)年頃から、当時、自動車工業への参入を進めていた喜一郎との関係が一層緊密なものとなり、1937(昭和12)年、東京芝浦にあったトヨタの研究開発本部「自動車研究所」の研究顧問となった。他の顧問には、三島徳七、山田良之助、抜山四郎、和田三造、抜山大三、成瀬政男など学界の錚々たる面々が連なっていた。

　隈部は東京帝大教授、東工大教授、技術院次長を経て、1946(昭和21)年5月、トヨタ自動車工業の常務、1950(昭和25)年2月には副社長に就任したが、6月には労働争議の打開のため喜一郎とともに辞任に至った。

　1940(昭和15)年にトヨタ自工に入社し、後にデザイン部長としてトヨタのデザインを率いてきた森本眞佐男はその著書『トヨタのデザインとともに』(山海堂 1984年)のなかで、隈部について次のように述懐している。

　戦地に行っていた技術者も続々と復員してきたり、禁止されていた航空機産業からも有能な人々を迎えて充実してきて、新しい自動車の設計への意欲が社内にみなぎってきた。その牽引力となったのは前から顧問であって、東京大学から常務取締役に迎えられた隈部一雄先生であった。

　後に副社長になった隈部常務は文化人であって、また経営に意欲を燃やし、私達若い技術者に明るい未来を目ざす新製品への意欲を奮い立たせた。トラックを平和型のBM型に切り替えることにはじまって、SA型、SC型の乗用車、SB型のトラック、BW型バスなど、次々と意欲的な車の設計開発に全技術陣を動員した。中でもSA型乗用車は、その設計構想において極めて斬新なもので

あり、若い技術者の情熱を傾けるに十分であった。戦後の困難な時期にあって、トヨタの若い技術陣を指揮して独創的な製品開発を行い、後のトヨタの技術の基礎を作った。デザインに対して特に積極的な理解者であった。

クマベ研究所の設立

クマベ研究所の設立時期については、『JAHFA（日本自動車殿堂）』(2002年)の「隈部一雄略歴」には「昭和27(1952)年頃、クマベ研究室開設」と記載されている。

しかし、クマベ研究所が1978年に、WHO／UNICEFに提出した"HISTORY OF KUMABE LABORATORY"(1978年10月)という「会社概要」によると、クマベ研究所が隈部一雄の個人会社として設立されたのが1950年9月、有限会社となったのが1953年6月、株式会社化が1955年であった。(p.55写真参照)

すなわち、隈部一雄はトヨタを退社した1950年6月からわずか3ヵ月後に、クマベ研究所を設立していたのである。

以下に、この「会社概要」内容を紹介する。(原文は英文。下線部は筆者補足)

1．会社創立：1953年6月29日(有限会社)
2．所在地：(当初)東京都新宿区細工町14
　　　　　(現在)杉並区宮前4-30-17
3．商号(英語名)：
　　　　　KUMABE LABORATORY CO., LTD.
4．資本金：授権資本金 1,200万円
　　　　　払込資本金　600万円
5．役員：Special Managing Director(故隈部一雄)
　　　　Managing Director(常勤)小林孝行、
　　　　常勤取締役、西、黒澤、監査役：小澤
6．目的：a.医療用器械の設計・製造・販売
　　　　b.自動車・産業用車両の部品の製造・販売
　　　　c.上記業務のすべての関連業務
7．主要取引先：トヨタ自工、プリンス自工、日本通運、日本光学、日本内燃機、住友電工、東洋運搬機、神鋼電機、武田薬品、北里研究所、三共製薬、日本BCG製造、防衛庁、東芝化学、国立化学血清研究所、東北大学BCG研究所他

クマベ研究所創立当時から使われていた看板
同研究所から、トヨタ博物館に寄贈されたもの。

8．隈部一雄経歴
- 1920　東京帝国大学工学部機械工学科卒
- 1921　東京帝国大学助教授
- 1925　工学博士
- 1935-1936　欧米外遊
- 1943　東京大学および東京工業大学教授
- 1945　技術院次長
- 1946　トヨタ自工常務・副社長
- 1950　トヨタ自工退任、クマベ研究所(個人会社)を設立
- 1953　同社を有限会社化

9．会社活動
- クマベ研究所は1950年9月工学博士隈部一雄の個人会社として設立。多くの機械・装置の調査・設計・製造および工場の技術、管理の指導を行なう。
- 主な項目：a.電気自動アンプル真空熔封機ES-100(特許)、b.アンプル自動洗浄装置(特許)、c.コロイド・ミル、d.ガソリンエンジンおよびレーシングカー、フォークリフト他の車両用ガバナー、オイルパン・ヒーター他の部品、e.フォークリフト用ガバナー付レーシングカーおよびガソリンエンジン。
- 上記a、b、cの供給先は日本BCG研究所、武田薬品、北里研究所、協和薬品工業、感染症研究所、防衛庁、仙台BCG研究所、吉富製薬、帝国臓器他。
- 上記部品のなかでエンジンおよび自動車部品は好評で、多くの注文を受けている。
- 1954年、通産省から研究費60万円の助成金を受ける。
- 1955年、業務拡大に対応して、株式会社化。
- 1955年、防衛庁、消防庁、国鉄のテストに合格。

- トヨタ自工、プリンス自工が我々の部品を乗用車および消防車に採用。
- 日本通運、古河電工、日本専売公社、日本光学に部品納入。
- 1967年、現在地(杉並区宮前)に本社移転
- アイシン精機、豊田自動織機、極東開発、森本ポンプに自動車部品を供給。
- 1968年、アンプル熔封機がWHOに認定され、中南米、東南アジア、中東アフリカ各国に輸出される。全世界に供給計画。
- 1978年4月、クマベ式アンプル熔封機の名前が学会で公表され、非常に有名になる。1978年9月、味の素に供給。花王石鹸、大阪大学、東京農業大学から受注。インドからも引き合いあり。
- 最初の1台はWHOの負担で、2台目以降、顧客の負担。すでに数台購入している国もある。
- 装置の設置時には使用方法、保守方法を直接指導。可能な限りのアフターサービスを実施。

クマベ研究所の業務内容と主要実績

「クマベ研究所の業務内容と主要実績」(1951年7月)には以下のよう記されている。ただ、医療関係以外の自動車等には具体的言及がない。

クマベ研究所業務内容
一、新規生産工程、機械又は設備等の考案並に研究指導
二、量産機械の計画並に設計
三、既存工場設備の近代化の設計及工事監督
四、既存工場経営分析
五、其他工業技術に関する研究、調査業務一般

クマベ研究所主要業績
一、BCG用アンプル[注5]電気自動熔封機(一部省略。特許並に実用新案出願中)
一、注射用アンプル自動洗滌装置(一部省略。特許並に実用新案出願中)
一、製薬用振盪装置(一部省略。特許並に実用新案出願中)
一、電熱並に滅菌紫外線応用携帯消毒器(特許出願中)
上記業績の他研究済又は研究中の項目が多数あります。

昭和二十六年七月　クマベ研究所　工学博士　隈部一雄

クマベ研究所における実際の業務も、自動車、ロードテスト、レーサー、消防車、フォークリフトの開発、工場設備の自動化やコンサルタント業務に加えて、以下に述べる医療分野にまで、その活動の範囲を広げていた。

隈部一雄の医療分野での業績

隈部一雄は8歳年下の弟英雄(結核予防会結核研究所長)の要請を受け、東大時代からBCGワクチンの製造装置の研究開発を行なっていた。完成したのは、クマベ研究所の設立後、おそらく1953年頃ではないかと思われる。

終戦後の日本では、結核による死亡者数が毎年十数万人にも上り、BCGワクチンの製造は緊急の課題だったのである。

医学界における評価

(1) 1956年10月にジュネーブで開催された国際BCG技術学会で、隈部英雄は次のよう述べている。(「日本のBCGワクチン〈サマリー〉」1956年)

真空乾燥BCGの研究は1943年に小規模ではじめられたが、1946年～47年には企業でマスプロダクション化の研究がはじめられた。現在、日本政府は戦後の結核の蔓延に伴い、結核予防のため、BCGワクチン接種の拡大を急速にすすめている。そのなかで、保存期間が短く、無菌、無毒、有効性試験の結果がよくなかった液体ワクチンにかわり長期保存ができる乾燥ワクチンの開発が急務となった。

1949年から乾燥ワクチンが採用され、結核予防法の指示により30歳以下の健康でツベルクリン反応が陰性だった国民に実施された。

乾燥BCGワクチンの研究から多くの製造法の改良がなされてきた。特に1953年には大きな改良があり、37度までの温度耐性など、多くの懸案の問題を克服した。

現在日本で製造されている乾燥BCGワクチンにアンプル中の真空保存が必要であることは明白である。真空熔封の実践方法については、クマベ式の電気熔封機が多

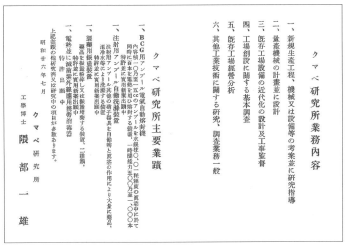

隈部一雄が開発したBCGワクチン製造装置 ES-100（1950年代前半）
現在製造されている後継機種も基本は60年以上前に、隈部が開発したものと変わらないという。今も世界20数か国に輸出されている。

クマベ研究所業務内容・主要業績（1951年7月）
医療関係以外の自動車等には具体的な言及がない。

KUMABE LABORATORY CO., LTD.

30-17, 4-chome, Miyamae, Suginami-ku,
Tokyo, Japan

CABLE : KUMABELABO
PHONE : (333) 3357

YOUR REF :
OUR REF : K-1402

October 16, 1978

HISTORY OF KUMABE LABORATORY

A. Epitome of the organization

1. Foundation : June 29, 1953
2. First Location : 14 Saiku-cho, Shinjuku-ku, Tokyo
   Present " : 17, 30, 4 chome, Miyamae, Suginami-ku, Tokyo
3. Trade Name : KUMABE LABORATORY CO., LTD.
4. Capital : ¥12,000,000 budget approved and ¥6,000,000 paid-up.
5. Special Managing Director : Kazuo Kumabe
   Ordinary Managing Director : Takayuki Kobayashi
   Ordinary Directors : Torimi Nishi and Genkichi Kurosawa
   Auditor : Yasuharu Ozawa
6. Purposes :
   a. Designing, Manufacturing and Selling Pharmaceutical Machinery
   b. Manufacturing and Selling Parts of Automobiles and Industrial Vehicles
   c. All routine work relating to the above business a and b.
7. Main Customers :
   Toyota Motor Co., Ltd.
   Prince Motor Co., Ltd.
   Nihon Tsu-un Co., Ltd.
   Nihon Kohgaku Co., Ltd.
   Nihon Nainenki Co., Ltd.
   Sumitomo Denkoh Co., Ltd.
   Toyo Unpanki Co., Ltd.
   Shinko Electric Co., Ltd.
   Takeda Pharmaceutical Co., Ltd.
   Kitazato Laboratory, Kashiwa Factory
   Sankyo Pharmaceutical Co., Ltd.
   Nihon BCG Cultivation Co., Ltd.
   National Defence Agency
   Toshiba Chemical Co., Ltd.
   Public Chemical and Serum Laboratory
   Tohoku University, BCG Laboratory
8. Career of Kazuo Kumabe :
   1920 graduated from Tokyo Imperial University, Machinery Course of Engineering Department.
   1921 took up a post of Assistant Professor of Tokyo Imperial University.
   1925 Engineering Doctor's Degree given.

- 1 -

Our Ref : K-1402

October 16, 1978

1935 to 1936 visited Americas and Europe.
1943 took up two posts of Professor of Tokyo University and Tokyo Engineering University.
1945 inaugurated Assistant Director of National Technical Bureau.
1946 took up a position from Managing Director to Vice President of Toyota Motor Co., Ltd.
1950 retired from Toyota Motor Co., Ltd. and founded Kumabe Laboratory as a private company.
1953 established a formal limited company.

B. Business Activity

Kumabe Laboratory was founded as a private company by Kazuo Kumabe, Doctor of Engineering in September, 1950. Replying to social needs and by our own will, we have been investigating, designing and manufacturing many machines and instruments and coaching many factories and firms for technics and management.

Since the foundation, we gradually have made a success in business. Main articles are :
   a. Electric-Automatic Ampoule Sealing Machine ES-100 under Vacuum (by Patents)
   b. Automatic Ampoule Washing Machine (by Patents)
   c. Colloid Mill (by Patents)
   d. Governer, Oil Pan Heater and other parts for Gasoline Engine and Racing Cars, Forklifts and other vehicles.
   e. Racing Cars and Gasoline Engine with Governer for Forklifts.

We have delivered above three items a, b and c to following groups :
   1. Japan B.C.G. Laboratory
   2. Takeda Pharmaceutical Co., Ltd.
   3. Kitazato Institute
   4. Kyowa Fermentation Industry
   5. Institute for Study of Infection Diseases
   6. National Defence Agency
   7. Sendai B.C.G. Laboratory
   8. Yoshitomi Pharmaceutical Co., Ltd.
   9. Teikoku Zohki Co., Ltd.
   and others.

Among the above articles, we have especially enjoyed a good reputation in selling the engines and automotive parts. We received a considerable volume of orders.

In 1954 we had the honor of receiving ¥600,000 as a bounty for Industrialization Test and Study from Ministry of International Trade and Industry.

Beyond only designing and studying, we were compelled to execute customers' orders more effectively. So, in order to expand the business capacity, we have made our laboratory the present Joint-Stock Company in 1955.

- 2 -

"HISTORY OF KUMABE LABORATORY"（1978）
クマベ研究所が1978年に、WHO／UNICEFに提出した「会社概要」。クマベ研究所が1950年9月、隈部一雄の個人会社として設立されたことが明記されている。

くの問題の解決を実践していくと思われる。

　隈部英雄は、明言こそしていないが、上文が隈部一雄が開発した「クマベ式電気熔封機」を念頭においていることは、明白であろう。また、「クマベ式電気熔封機」が1953年には大きく改良され、ほぼ完成の域に達したことを示唆している。

（２）『THE VACCINATION, Theory and Practice』（H. Fukumi, M.D.　福見秀雄／International Medical Foundation of Japan　日本国際医療団　1975年）には下記のように述べられている。
　　（抄訳・下線筆者）原文[注6]

「ワクチンアンプルの真空熔封の必要性」
　常圧では乾燥BCGワクチンは生存が出来ず、ワクチン容器は高い真空状態で密封されなければならない。空気を窒素に換えても効果はない。乾燥ワクチンの生存率は4℃で保存しても常圧のもとでは急速に低下する。同じ圧力の窒素で密封したとしても、特に37℃では、急速に死滅する。この結果から、乾燥BCGワクチン容器の真空熔封は、必要不可欠の技術。東京大学の隈部一雄教授は、戦後まもなく、ES-100というアンプルの電気真空熔封機を発明した。この機械により、BCG製造実験室は真空熔封乾燥BCGワクチンの量産化に大いに寄与した。7分で100アンプルの熔封が可能になったのである。凍結乾燥されたワクチンアンプルは真空下で自動的に熔封され、アンプル温度を危険なレベルまで上昇させることがない。

（３）『結核』（第57巻　第６号　橋本達一郎・日本結核病学会　1982年）には次のように紹介されている。

　次に乾燥ワクチンの製造に関して日本のみが成えた技術上の貢献について言及してみたい。BCGワクチンは凍結乾燥保存する場合に、生菌数すなわち力価の低下をもたらす要因として、温度、日光、含水量を考慮せねばならぬが、更に乾燥生菌が真空の下に保存されないと急速な生菌の死滅を招くことに注意せねばならない。このためワクチンをアンプルに入れて真空熔封すればよいが、真空下で凍結乾燥したワクチンを常圧に戻し、再びアンプルを真空熔封することはワクチン量産上大きな障害となる。
　隈部はこのためにアンプルの自動真空熔封機を発明して、乾ワク製造の最終段階の最大の技術的難問を解決した。この独創的な機械は日本のみで生産され、1970年以降、世界各国に輸出され、途上国のBCGラボラトリーにおけるBCG乾ワクの量産に必須のものとして寄与している。WHO（世界保健機関）の世界にまたがる6地域での乾ワク生産は各地域に１～２の中心的ラボラトリーの建設によって推進されてきたが、そのネットワークの完成は今一歩のところに来ている。

　また、戸井田一郎（元日本BCG研究所学術顧問）は、「BCGの歴史：過去の研究から何を学ぶべきか」で次のように述べている。「第二次世界大戦末期から研究が進められていた凍結乾燥技術が、世界に先駆けてわが国で開発に成功し、有効期間が飛躍的に延長したワクチン製品が大量かつ安定的に供給できるようになった」（『資料と展望』No.48　2004年）

（４）『結核病学Ⅱ　疫学・管理編』（島尾忠男編・結核予防会　1996年）には、次のように述べられている。（　）内、下線筆者。

「日本のBCG凍結乾燥ワクチンの研究」
　BCGのように生きた菌を用いる生ワクチンでは、BCGを浮遊させ、ワクチンを作ってから２～３週を過ぎると、生菌量が少なくなり、効果は見られず局所反応だけが残るようになる。安全試験もこの期間では完了できない。こうした問題点を克服する方法として、ワクチンを凍結乾燥する方法の研究が第二次大戦中から日本では進められていた。どうすれば短期間に凍結乾燥できるか、BCGワクチンの溶媒として凍結乾燥による死滅を防ぐために何が適切かが最大の課題であった。
　日本の敗戦直後、荒廃した社会に結核は強く蔓延し、対策の強化は緊急のことであったが、当時使える手段としては、BCG接種とエックス線診断、それに人工気胸があるだけで、BCG接種に対する期待は大きかった。当時結核以外の伝染病も蔓延し、予防接種が行なわれたが、ワクチンの製造設備も充分には整備されておらず、接種

結核事件が多発し、安全試験の実施できる乾燥ワクチンへの要望は一層強くなった。

解決への道を開いたのは、今日でいう学際的な研究法である。当時の結研(結核予防研究所)隈部(英雄)所長のお兄さんが東大工学部の教授をしておられ、冷やした多岐管を真空ポンプにつないで管内の空気を急速に抜いたうえで、アンプルの頸部を電気溶封する方法を示唆され、これに蔗糖という溶媒の開発が加わって、世界で初めて実用化された凍結乾燥ワクチンが完成した。敗戦直後の日本にこのような進んだ技術の成果があったことは国際的に高く評価され、隈部所長は日本がWHOに加盟した昭和25年の直後、26年にビルマで開催されたWHOのBCGの会議に招かれている。

日本の研究者は更にその改良に務め、培養早期の菌のほうが凍結乾燥に強いこと、溶媒としてはグルタミン酸ソーダのほうが蔗糖に勝り、これを用いて製造したワクチンは37℃で1ヵ月の保存に耐えることが分かり、こうして作られた東京172と名付けられたワクチンはWHOの標準製品に指定されている。

最近の研究では、熱帯地でも冷蔵庫なしに保存できるワクチンの開発に重点がおかれ、40℃で3ヵ月保存しても一定量の生菌が残るワクチンの製造も技術的には可能になった。

BCGワクチンは日本の結核医学が大きく世界に貢献した誇るべき分野である。

(5) かつて、クマベ研究所からJICA(国際協力機構)に提出された書類には下記のように記されている。

文中、「装置の開発が当時の自動車業界からクマベ研究所に一任された」という記述は、極めて注目に値するが、時期、経緯、内容詳細等は不明である。

当時、世界のBCGワクチンは液体のワクチンを使っていました。BCGは生ワクチンと呼ばれる、弱毒化した生きた結核菌を接種するという方法を用いるため、効果が高い反面、液体のままであると保存ができず(最大10〜15日)、安全性の試験が出来ないという大きな欠点を抱えていました。各国が保存性のあるBCGワクチンの開発に鎬を削って、実験室の中では、真空凍結乾燥をすると保存性が高まることは分かっていましたが、製品化はできないままでした。日本で大規模な予防接種プログラムを展開するのには問題が大きかったのです。

結核予防プログラムの一環として当時はBCGワクチン生産について後進国であった日本でも乾燥ワクチンに対する研究開発予算枠が取られましたが、日本では学際的な開発方法がとられました。

培地、希釈液といった生化学分野の開発は結核予防会結核研究所、文部省、日本BCG研究会などが中心となり、医療機関で研究開発が進められましたが、真空凍結乾燥処理後、製品化するという工学的分野の開発には当時発展の目覚しかった自動車産業界から弊社に開発が一任されました。弊社の開発した真空熔封法が決め手となり、日本は世界に先駆けて、長期保存が可能な乾燥BCGワクチンの製造法の確立に成功し1958年にWHOのreference vaccineとして採用されました。

この間の過程については、ブリュッセルのパスツール研究所の資料；La Suspension Vaccinale sa Preparation-Controles de Laboratoire—LE VACCIN BCG SEC AU JAPON, Ranganathan, K. S.; Domingo, P. and KUMABE, H., Conférence Technique Internationale du BCG, Genève, 1956.に詳しく述べられています。

その後現在にいたるまで、多くの製薬会社がバイヤル瓶などを利用するなどして、クマベ式に代わる方法を開発しようとしてきましたが、まだ凍結乾燥BCGワクチンの保存方法としてはクマベ式に代わるものがないという事実が当時の技術の高さを証明しています。

1970年代、WHOの事務総長Mahler氏は、隈部が開発したBCGワクチン製造装置を導入し、各国の生物学者をコペンハーゲンに招集して教育を実施した。彼らは自国に戻り、ワクチン製造・接種の核となったのである。

また、1995年11月、UNICEFのJ. Gilmartin調達担当部長からは、「日本のBCGワクチン製造への貢献は偉大である。全世界の何十億の人々の命を救った。このBCG製造装置を開発した隈部一雄博士は戦後最大の功労者で、ノーベル賞クラスだ」とも評価された。

これは、WHOの結核専門委員会(Expert Advisory

Panel on Tuberculosis)のメンバーで微生物学の泰斗であった橋本達一郎博士と小林三朗クマベ研究所代表に直に伝えられた話である。

隈部英雄の薫陶を受けた橋本達一郎は、2013年12月19日、89歳の天寿を全うした。

隈部一雄が設立したクマベ研究所は、現在も存続しており、このBCGワクチン製造装置を製造、世界20数ヵ国に輸出している。

「1970年、BCGワクチン製造装置をメキシコに輸出したとき、隈部先生は殊の外喜ばれ、『これからだ!』と大きな希望を抱いておられた。あの頃が、先生の一番幸せな時期だったと思う」と、16歳の頃から隈部の薫陶を受けた、現クマベ研究所代表の小林三朗は振り返る。

注目すべきは、隈部が開発した60年前から基本的構造は変わらず、アナログがデジタルに、鋼製がステンレス製になるなど材質や表面処理が変わった程度で、現在もWHOが指定する仕様に従って製造が続けられていることである。半世紀以上前に開発された装置がいまだに活躍しているのは、驚嘆に値することである。

隈部はこの装置の他に基本的な医療器具(洗浄器、分注器、製薬用震盪装置など)も開発し、現在も各所で使われている。[注7]

隈部の執筆活動

トヨタを退社した後の隈部の雑誌・学会誌等での執筆活動はまことに旺盛なものがあり、1952〜1967年の間に公表した論文・エッセー等は、筆者が収集したものだけでも、60件を越える。

注目すべきは、そのカバー範囲が、極めて広いということである。掲載誌は『日本機械学会誌』、『モーターファン』、『流線型』、『スピードライフ』、『中央公論』、『燃料協会誌』、『石油と石油化学』、『思想の科学』等、多岐に渡っている。

それらの内容を大雑把に分類すると、自動車(産業)論:11件、エンジン関係:10件、シャシー関係:11件、レース・スポーツ関係:8件、自動車一般・啓蒙:8件、運転法:7件、座談会:8件等である。

大きくは自動車産業・技術の行く末と夢を論じ、ガスタービンからレース、オートバイ、ドアロックの話から雨の日の運転方法、自動車保険の話までと、そのテーマには垣根がない。

かつての我々の先人たちは、自分の専門領域をエンジン屋、シャシー屋、ボディ屋などと限定することなく、自動車そのもの、さらには自動車を含む世界全体を大きく捉えていた。

『モーターファン』ロードテスト

『三栄書房60年の轍 雑誌繚乱書留帖』(2008年)によると、「戦前から戦後にかけての日本の自動車工業(自動車工学の方が適切と思われる/筆者注)の祖といえば東京帝国大学教授の隈部一雄博士をおいて他にない。明治30(1897)年生まれの隈部氏は、大正15(1926)年には、自動車工学の講義を開始。昭和10(1935)年の渡欧前に『内燃機関学』(670ページの大冊/筆者注)を上梓。さらに実験工学編集室(実験工学研究室であろう/筆者注)において、わが国初のシャシーダイナモメーターを設計した人物。のちに豊田喜一郎氏の招きで自動車研究所の顧問となり、(戦後に)トヨタSAを設計。昭和25(1950)年にはトヨタの副社長となった人物である。

隈部氏は戦前からの執筆者であったが、戦後も『モーターファン』の良き理解者として数多く執筆し、ロードテストの座長としての役目も快く引きうけた。鈴木脩巳(元三栄書房社長/筆者注)によると、『学者』というイメージはなく気性のさっぱりした方。お酒好きで、素晴らしい人だった」(高桐唯詩)という。

隈部一雄は、若くして大著『内燃機関学』(1935年)[注8]を著わし、戦後はトヨタ自工の副社長を務め、2002年「日本自動車殿堂」に入ったほどだから、自動車業界、内燃機関学における業績は大なるものがあった。しかし、それに勝るとも劣らない、BCGワクチン製造装置という人類の福祉に直結する「遺産」を遺したことは、日本ではほとんど知られておらず、むしろ海外の方で認知されている。再評価されることを願ってやまない。

1971年7月28日、隈部一雄は74年の生涯を終えた。

橋本達一郎博士とDr. J. Gilmartin（1995年11月8日　コペンハーゲンにて）
橋本はWHOのコンサルタントとして、世界各国のBCG製造を指導した微生物学の泰斗。
彼は、1995年当時、UNICEFの調達担当部長だったDr. J. GilmartinからFBCGワクチン製造
装置を開発した隈部一雄博士は戦後最大の功労者だ」と伝えられた。

隈部一雄著『内燃機関学』と前著『内燃機関　上下』

『内燃機関学』はトヨタ博物館蔵書、『内燃機関』は隈部一雄の遺品でクマベ研究所から寄贈されたもの。徹底的な推敲作業が行なわれていることが、バラバラにされたこの本から窺える。

1955年、トヨペット・マスターの「モーターファン・ロードテスト」に際して。右から桶谷繁雄・東京工業大学教授、鈴木賢七郎・三栄書房社長、平尾収・東京大学教授、宮本晃男・運輸省技官、隈部一雄・クマベ研究所長、薮田東三・トヨタ自工主査等。©三栄書房

モーターファン誌によるルノー4CVのロードテスト風景。右端が平尾収、その隣に立っている人物が隈部一雄（1955年）。
©三栄書房

■注・第1章

注1　S型エンジンの開発について

内山田亀男（3代目クラウンの主査）の手記（1999年7月17日）によると、下記のように記されている。〔　〕内は筆者補足。

小林〔忠夫〕君担当のS型エンジン開発に就いては、次の思い出がある。

敗戦44日目、昭和20年9月28日午後3時のニュースで、GHQがトラックの製造を許可（日本全体で、月産1500台）したとの、放送があった。

その翌日、隈部〔一雄〕博士臨席の下、豊田英二技術部長招集の1000ccエンジンの設計準備会議が開かれた。白井〔武明〕次長、弓削〔誠〕課長、渡部設計課長、小林〔忠夫〕、森本〔眞佐男〕、丸山、佐藤工長、内山田〔亀男〕が出席し、次の2点が決められた。

- 1000cc程度の4シリンダーエンジンを作ること。
- 乗用車製造は許されていないが、その準備をしておくこと。

そして、小林君が中心となり、ベビーフォードのエンジンを参考に、1000ccエンジンの調査・設計が始められた。

同時に、この若い技術者達が、小型乗用車の構想を始め、後にSA型乗用車に発展した。

1000ccエンジンは、後にS型エンジンとして量産され、SA、SB、SD、SF型車などに搭載された。

注2　小早川元治

長州藩最後の藩主、毛利元徳公爵の孫。父は元徳の長男元昭公爵。叔父小早川四郎家の養子となり男爵。戦前、MG・K3マグネットを輸入し、今では伝説となった1938年の「多摩川スピードウェイレース」に出場。戦災で損傷したMGを1951年頃リビルトして、船橋のオートレースに出場した。戦前からアマチュアレーサーとして有名だった。

本人は「機械技術者であり、オートレースの選手である」と称し、「トヨペット・レーサーの設計と試運転にも関わった」という。トヨタと関わり始めた経緯は不明だが、喜一郎との関係もあったようで、トヨペット・レーサーの技術顧問として、当時の資料に何回か登場する。

また、クマベ研究所の当時の社員によると、研究所にも頻繁に出入りしていたとのことである。つまり、小早川は初期型から改良型のトヨペット・レーサーまで、関わっていたということである。

小早川は、当時のアマチュア、国産車偏重のレース施行規則に反対し、国際ルールに基づく「プロレース」を主張した。「トラックレースは完全なるプロ興行にもかかわらず、規則はアマを重視した外国のルールにはない日本独特のもの。『オートレースは国産車宣伝のために目論まれたものであるから、外国車が国産車に優る事を示すようなレースはレースの主旨に反する』という意見すらあった」

「多くの反対者の中でただ一人故豊田喜一郎氏は私の説を支持され、その上私に外国レーサーを充分研究して、国産レーサーを作るよういろいろ話してくれた。氏の逝去はまことに惜しんで余りある」と述べている。また、つぎのようにもいう。「オートレースをプロ化し、ルールも国際的にすることにより、レースの飛躍的発展の可能性もあるが、市販車の性能をレースにより向上させるという（「小型自動車競走法」の）構想をあまり主目的にしてはまずいと思う。その理由はレースに適した性能というのは市販車としての性能や実用性と異なるからである」（『自動車技術』1955年10月・11月合併号）

注3　豊田喜一郎「オートレースと日本の自動車工業」全文（『愛知トヨタ』愛知トヨタ自動車　1952年3月号）

文字表記を含め、極力原文に忠実に収録した。ただし、漢字については新字体に改め、適宜ルビを付した。また、〔　〕内は筆者による補足である。

戦後競輪が非常に盛んになつた。オートレースも最近ボチボチ始められかかつて来た。競馬とか競輪とかオートレースとかには夫々その目的があつて始められ、且その目的を達成する為に、大衆の興味を魅く様に興行されている。競馬は馬種の改良が目的であり、競輪には競輪自体の目的がある筈である。オートレースにもそれ独自の目的が存在して居る。競馬における馬種の改良は永年の間苦心研究して、その結果が競走場裡に現れるので、馬種改良を研究する人は勿論、馬の事に知識経験のある人は、非常な趣味と興味とを持ち益々研究を盛んにして品質の向上がはかられるのである。

それと同様にオートレースにおいてもオートバイや自動

車に対する改良研究の結果がそこに現れるものであるから、その方面に知識経験を持つている人は非常な興味を持つべき筈のものである。しかし何といつても、未だ日本に於いてはオートレースは最近のことであり、且機械的方面の知識が余り普及されていないので、オートレースに興味を持つ人が割合に少ないかも知れないが、今後日本においてもオートバイや自動車の発達と共に益々オートレースが社会的興味の魅かれるものになると思う。馬種の改良とか云う事は、極く専門の人が永年の間掛つて順次行われるので、其の進歩も余り目立たないと思われるが、自動車に関しては多くの人々により種々雑多な改良研究がなされ、その結果が速く実現し得るので進歩も早く従つてオートレースは急速な発達をするものと思われる。

外国においては、自動車の製造家は勿論の事、製造家以外の人でもこの方面に趣味のある人は、レーサーを自分で作つて競走場裡に出している。そして一般の人々も自分で自動車を運転して居る位だから其の方面の知識も豊富であり非常な興味と期待を持つてこの競走を見ている。日本も近い将来に於いてはこういう風になつて来ると思う。又そうなつて来る事によつて日本の所謂文明の程度も向上するのではなかろうか。

私も曾ては自動車の製造をしたこともあり、従つてオートレースの発達と云う事には少なからぬ興味を持つている。すべて機械と云うものは理屈通りに動く筈のものであるけれども、人間の考えた理屈と云うものは甚だ浅はかなもので実際に動かして見ると我々が想像し得ない様な結果になる事が様々ある。

嘗て私が自動織機を研究していた時に、二三台試験した時には、殆ど完璧と思われたものが、二三十台動かして見ると予想し得ない欠陥が現れて、これを改良して二三十台が完全に動き得たと思つて、今度は六七十台にふやして見ると又色々の欠陥が現れた。かくして五百台の自動織機を完全に動かす為には幾多の改良をしなくてはならなかつた。其処には機械的欠陥ばかりではなく人的欠陥も相当に含まれてくる。それで機械と云うものに人が慣れると云う事が重要な点であり、機械と人間とが一体となつてはじめて満足な働きが出来るものである。私が最初に自動車を造り掛つた時に一番苦心し心配した事は、造つた自動車を如何にしてテストするかと云う事であつた。

其のテストに依つて改良研究しなければならないのであるが、自動織械〔織機の誤植／筆者注〕の時と同じく三台や五台でうまくいつたとしても、これを一般市場に沢山出して果たして満足に使用し得るか否かわからぬ。自動織機の様に、自分の処で使用して見ることが出来れば、先ず安心した機械を造り得るが、自動車はその様にはゆかない。且何処が故障するか分からない事と、故障した場所に直ぐ行つてこれを調べる事が甚だ難しい為に、改良して行くこつを摑む点に困難を感じた。それで甚だ申訳のない次第であつたが、一万台迄作る間は自信のない車を使つて戴かなくてはならないかも知れぬ、と云う事をお詫びしつつ製造していた様な次第であつた。当時、直轄官庁であつた商工省としては、年に二回も三回も我々製造家の車を集めて、千粁或は二千粁の試運転をしたものである。なるべく山坂の多い所、道路の悪い所、或は荷を沢山積んでフルスピードで走らしたり、泥濘の所を運行して見たり、種々様々な試験をして、破壊試験なり磨滅試験なりをして段々改良して、今日の車に迄仕上げた次第である。

現在においてはトラックに関する限り外国車に遜色のないものが出来る様になつたが、乗用車の製造に関しては多年中止されていた関係上、その製造もまだ緒についたばかりである。今後の日本の自動車工業はこの方面に主力を注がなくてはならぬ時代となつた。そこで各方面で乗用車の製作研究は始めているが、さてこれに対してどういう試験をしてその欠陥を知り改良すべきかというと、オートレースをおいて他にはあり得ない。乗用車というものは一万粁、二万粁走つても故障があつてはならないものである。従つてトラックの様に短距離運転によつて、又荷物を沢山積んで悪道路を走つて見るという様な試験では乗用車の試験とはならない。普通の場合に於いて乗用車は故障に対する安全率の非常に高いものである。安全率が高くなくては大衆がこれを運転して尊い人命を運ぶには不安を生じるからである。其の安全率がどの程度であるか、という事を試すには、自動車に非常な無理を与えなくてはならない。どの程度の無理まで耐え忍ばれるかといふ事を調べ、欠陥があるかという事を知り得て、其のウィーケストポイントが改良できる。それによつて安全率を益々高め得るのである。

そういうテストをする為には最高速度を持つて無理な力を出さして、殆ど破損に近い程度の試験をして見る必要がある。丁度運動の選手がオリンピックにおいて全身全力を挙げて自分を試すと同じ様に、オートレースに於てその自動車の性能のありつたけを発揮してみてその優劣を争う所に改良進歩が行われモーターフアンの興味を沸かすのである。オートレースは普通の競技と異つて非常に多くの条件が輻輳〔集中〕して入つて来るので、この方面を研究すればする程興味の沸くものである。前にも述べた様に、機械というものは機械のみの働きではなくそれを取扱う人と一体となつて真の能力を発揮し得るものであるから、只単に車だけの研究ではいかぬ。これを運転する選手の養成が必要である。外国では選手は各方面のデータを集め自分が色々それを研究して、その結果を極秘として世間にも発表せず虎の子の様にしているので、仲々外国の知識経験を取入れる事は難しい。我々自らの知識経験によりそれをかち得なくてはならない。そこに我々モーターフアンの苦心がある。それ故に乗用車製造に乗り出さんとする日本の現状に於ては、オートレースは唯単なる興味本位のレースではなく、日本の乗用車製造事業の発達に必要欠くべからざるものである。

又機械化国防が考えられる今日、大衆が機械的知識に対する関心を得る上について、今日芽を出しつつあるオートレースは益々国家的に重要な意義を存することになる。一般大衆はオートレースを唯単なる興味的なものとのみ解釈せず、上記の意味に於いて大いに援助すべきである。かくして曾ては贅沢なものとのみ見られていた乗用車が、日本に於いて大衆の足として欧米諸国のそれの如く文明の利器恩恵に浴する時代も遠くないと思う。そうしてかゝる時代を作るのは、欧米人が自らの努力で勝ち得た如く、日本人は日本人自らの努力に於て勝ち得なければならぬ。

そうはいうもののいやしくも大衆を集めてやる競技である以上、大衆の興味を魅かなくてはならぬ。外国では名のあるレーサーも沢山あるし、新しいレコードを出す新車が出来るので非常な興味をそゝぐが、日本では自動車の製造会社も少ないしレーサーを作るにしても非常な金がかかる。それで今直ちに外国と同様なレースをする事は無理である。それでこれをどういうふうに解決してゆくかと云う事は、モーターフアンに課せられた大きな問題である。外国のレーサーを輸入するのも一つの方法であろうが、又、国産車を中心として外国部品をつけてみるのもよかろう。又純国産のみでそれぞれの長所を取入れて造るのもよかろう。何れにしても一〇〇〇ccで百馬力以上出せる様にしなくてはなるまい。外国では一〇〇〇ccで二百馬力位は出して居る。

馬力を出すことは左程六ヶ敷くない。日本人の現在の力をもつてすれば百馬力位は間もなく出るであろうが、それだけの力を出して破損しない車であり走つて安定性のある車を作ることは、今尚外国でも盛んに研究されて居る如く吾々にも仲々六ヶ敷い問題であろう。敗戦国民の吾々が、今直ちに外国の真似をしてレーサー専門の車を新しく設計し製作することは経済上不可能であるが、現在ある車を一〇〇馬力以上出さしたり、特別安定性のあるシャシーを作る位の事は不可能ではない。当分の間はそれで充分興味の沸く競走が出来る。その中に段々経済状態もよくなり吾々に力がついてきたならば、外国にもまけぬレーサーを作つて外国で競走することも出来よう。それには一〇〇〇cc二百馬力は出さなくてはならぬ。そこまで行くと日本の自動車も外国にみとめられ、海外にどしどし売れて行く様になると思う。前途尚遼遠の様であるが吾々の努力次第で茲数年の中にそういう時代がくることを確信している。

世間では日本は既に自動車事業は確立して居る様に考えて居る人もあるが、トラックの製造工業は正にその通りであつても、自動車工業の本体は乗用車にある以上、日本の自動車工業はまだ三番叟〔手始め〕の時代でこれからが本舞台になろうという所である。前途洋々たるものがあると共に、そこには非常な困難がある事を忘れてはならない。オートレースと国産自動車工業の発達とは車の両輪の如く一方のみが進むことは出来ない。この数年間両者相伴つて進歩することであろう。（一九五二年三月）

注4 「Auto-racerニ関スル打合セ議事録」

（1952年4月21日）カッコ内下線部は筆者の補足

1．機関関係

（1）不要部品

　　ダイナモ、クーリングファン、スターター、フューエル

ポンプ、バッテリー
（２）潤滑系統
　　ア．オイルクーラー新製取付け
　　イ．オイルパン容量ヲ５ℓ（現行2.4ℓ）トシ、オイルポン下ノ容量ヲ大キクスル
　　ウ．オイルポンプ容量ヲ増ス　圧力７kg/cm²（現行１〜３kg/cm²）
（３）シリンダヘッド
　　ア．オーバーヘッド型トスル
　　イ．燃焼室ノ形状ハMGヘッドヲ研究スル
　　　東大　中西(不二夫)、西脇(仁一)教授ニ参考意見ヲ聞クコト
　　ウ．排気弁孔ハ現行通リ、吸気孔ヲ大キクスル
　　　寸法ニツイテハ図面ニヨリ検討スル
　　エ．圧縮比ハ6.5トシ現行通リ(圧縮比ノ調整ハヘッド底面ニヨル)
　　オ．吸気孔ト排気孔トハ反対ニ配置スル
　　カ．弁ノ配列ハ下図(略)ノ通リトシ、弁軸ハ若干縦軸ニ対シテ傾ケル
　　キ．スパークプラグハ吸気弁上トシ14mm K.L.G.racing plug使用
　　ク．シリンダヘッドハAl(アルミ)鋳造トシ、弁座ハ燐青銅トスル(材質ニ付イテハ材料屋デ調ベル)
　　ケ．水廻リハシリンダブロックヨリ立上ルモノノ外、シリンダブロックトヘッドヲ水管ヲ結合シ過熱部ヲ冷却スル
　　コ．水出口ハ適当ナ位置ヲ図面上デ検討スル。
（４）弁、タペット、押棒（プッシュロッド）、弁バネ
　　ア．タペットハ現行ノモノ利用
　　イ．押棒ハジュラルミン管トスル。尚MGノモノガ利用出来レバ使用スル
　　ウ．弁ハMGノ標準品ヲ使用
　　エ．弁バネハ２重トシMGノモノヲ使用
　　オ．ロッカーアームハMGノモノガ利用出来レバ使用
（５）連結棒（コンロッド）　手仕上ニヨル鋼製ノモノヲ新製スル
（６）ピストン、ピストンリング
　　ア．ピストン及ビピストンリングハ一式トシテ外注
　　イ．ピストン間隙、リング間隙等ヲ決定シ設計ヲ一任スル

（７）過給機(遠心式)
　　ア．駆動ハVベルトトシクランク回転ノ1.2ノ速サトスル
　　イ．ブースト圧力ハ1/2気圧トスル
　　ウ．駆動プーリーハ下図(略)ノ如クスル
（８）気化器　気化器ハソレック(ス)型ヲ外注シ、コレガ入手スルマデJeep用ノモノ２個取付ケル
（９）クランク軸　鋳造クランク軸ナレバ鍛造ノモノヲ新製
(10)水ポンプ　構造ハ現行通リトシ、クランク軸端ニテVベルトヲ駆動スル
(11)配電器　ルーカスノ縦型マグネトー入手スルマデ電池点火トシ配電器ノ首振リ状態ニ調ベ組直シスル
(12)燃料供給装置　供給ポンプハ取去リ、圧力５kg/cm²ノ手押シポンプヲ取付ケル
(13)息抜管　現行通リ
(14)油フィルター　現行品　取付位置ハシリンダブロックニ抱カセルタメニ下ニサゲル
(15)フライホイール
　　ア．7000rpmニオケル強度ヲ調ベル
　　イ．リングギヤーハ取去ル
(16)カム軸　MGタイミングヲ採用シ、鋼製削出シトシ、カムハ手仕上トスル
(17)回転計　タイミングギヤーカバーノカム軸前部ニ取付孔ヲ設ケル
(18)エヤークリーナー　ソレックス系ノモノヲ捜スコトトスル
(19)機関支持法　３点支持デ行ウコトヲ研究止ムヲ得ザルトキハ現行通リトスル
(20)機関の性能
　　ア．使用回転数ノ範囲　4000〜5000rpm
　　イ．最高出力　38HP 5000rpm、50HP 5000rpm（過給シタトキ）
　　ウ．使用ガソリン　オクタン価　72トスル
　　　　参考　MG　47HP 1250cc　トヨペット　995cc
　　　　995/1250×47＝37.4HP
(21)オクタンセレクター　手動式トシ操縦席ニ手動レバーヲ設ケル

２．操縦装置関係
（１）メーター類　回転計、油圧計、ブースト計、温度計ヲ取付ケ外注スル

（２）操縦装置

　ア．足ノハイルトコロハ出来ルダケアケルコト

　イ．加速ペダルノ位置ハ最右端（加速ペダルハ下側踏込式）

　ウ．クラッチペダル位置ハミッションケースノ左側

　エ．サイドブレーキレバーノ位置ハ左側トシボデーノ外側（作用ハ後方ニ引キ上、ラチェットボタンヲ押ス式トスル）

　オ．変速レバーノ位置ハ右側トシゲートチェンジ法トスル

３．シャシー関係

（１）変速機

　ア．歯車比ハ現行通リトスル

　　ロー　6.143、セカンド　3.307、サード　1.686、
　　トップ　1.000、リバース　6.438

　イ．ケースハ Al（アルミ）製トスル

　ウ．操作ハゲートチェンジ法トシ、カバーヲ改造シ、レバーハ右側ニ延長スル

（２）自在接手及推進軸　現行通リトスル

（３）減速機

　ア．構造ハ下記（略）ノ如クニスル

　イ．デファレンシャルギヤーケースハ Al（アルミ）製トシ、補強ト冷却ヲ兼ネテ、リム（リブか）付トスル

　ウ．アクスルハウジングハ鋼管トシ、下図（略）ノ如クデファレンシャルギヤーケースニ押シ込ムモノトスル

（４）主要寸法

　ア．軸距　　2280（90″以下）

　イ．轍距（トレッド）1200（47 1/4″）

　ウ．タイヤー寸法　5.00-16

　エ．総重量　600kg 以内（450kg ガ望マシイ）

　オ．減速比　6.167（現行乗用車）

	車両速度(km/h)	車輪速度(rpm)	機関回転数(rpm)	減速比	備考
1	100	803	4000	4.97	最高回転数ノ80％ノ減速比
2	100	803	5000	6.23	最高回転数ノトキノ減速比
3	100.7	803	5000	6.167	現行乗用車ノ減速比ノトキ
4	90.7	730	5000	6.167	諸抵抗ヲ考ヘタトキ最高回転数ノ車速
5	72.6	583	4000	6.167	諸抵抗ヲ考ヘタトキ80％回転ノ車速
6	100	893	5520	6.167	諸抵抗ヲ考ヘタトキ所要最高回転数

（５）前軸　前軸ハ Bugatti 型ヲ参考トシ丸型ノモノヲ新設スル

（６）スプリング

　ア．フロント　半楕円型板バネ上乗リ式

　イ．リヤー　半楕円型板バネ吊下ゲ式

　ウ．前後トモ　ノルマルロードノトキ撓ミナシ　最大撓ミ25トシゴムノストッパーヲ使用スル

　エ．前後トモ筒型ノショックアブソーバーヲ取付ケル

（７）ブレーキ

　ア．前後車輪トモ油圧拡張式トスル

　イ．ブレーキドラムノ材質ハ MG ニナラウコトトスル

（８）フレーム

　ア．トヨペットレーサー（初期型）ノフレームヲ加工利用スル

　イ．フレームノ形状ハ梯子型デ縦材断面ハコ型トシ、ウェブニ丸孔ヲアケ、軽量トスル様　材断面ハ管型トスル

　ウ．フレームハナルベク直線形トシ止ムヲ得ザルトキ前方ヲピックアップ式トスル

（９）ステアリング

　ア．構造ハ現行通リトスル

　イ．操向比ハピットマンアームノ長ヲ変更調整スル（ミゼット車ノラック＆ピニオン式ガヨイ）

　ウ．ステアリングホイールノ径ハ16″トシ構造は MG ト同様ノモノトスル

注5　"ampoule" は現在では一般に「アンプル」と表記されるが、当時はより原音に近い「アンプール」と表記されることもあった。

注6　『THE VACCINATION, Theory and Practice』(1975年)原文（下線筆者）

Necessity of vacuum-sealing of vaccine ampoules

As it was found that the normal pressure air was harmful for viability of dried BCG vaccine (Japan BCG Research Council, 1952), the vaccine container must be sealed in higher vacuum for security. Replacement of air with dried nitrogen has not yet been successful in maintenance of viability. As shown in Table 5, the viability of dried BCG decreased very

rapidly under normal pressure of air even stored at 4℃.
And if sealed with the same pressure of nitrogen, it also lost viability rapidly especially at 37℃. As viewed from these results, sealing an ampoule containing dried BCG in vacuo would be indispensable at the moment.
<u>Prof. K. Kumabe of Tokyo University invented a special electric vacuum-sealing machine for ampoules, named ES-100, shortly after the War. The machine has helped the BCG production laboratories to a great extent develop the mass production of vacuum sealed dried BCG vaccine,</u> as it was capable of sealing 100 ampoules in 7 minutes. The machine is demonstrated in Fig. 8 in which an operator is inserting an ampoule-holder to the machine. The freeze-dried ampoules containing vaccine are sealed under vacuum automatically in the machine without harmful increase in temperature of ampoules.

注7　隈部が取得した医療装置関係の特許

（出願順　1950年〜1953年）
- アンプール等のガラス容器熔封装置
- 真空又は加圧状態に於けるガラス容器熔封装置
- アンプール素材熔封ガラス容器
- 熱消毒器
- アンプール等の容器洗滌装置（1）
- 　　　　同　　　　　（2）
- 振盪粉砕装置
- アンプール容器定量封入方法
- アンプール
- 間歇作動装置
- 自動洗滌機等に用いるアンプール保持具
- 蓋又は扉の開閉装置
- 攪拌又は粉砕装置
- 粉砕装置
- 滅菌乾燥装置

注8　『内燃機関学』（山海堂）は、1935年5月25日に出版され、1942年5月には26版が、11月には27版が重ねられている。発行部数はそれぞれ1,000部である。戦時中にこれだけ増刷が続けられたことは、学術書としては珍しいことではないだろうか。

　隈部は脱稿の後、1935年5月〜1936年2月、約10ヵ月の外遊に旅立った。1935年いっぱいはドイツを中心にチェコ・スイス・オーストリア・デンマーク・スウェーデン・イギリス・フランス・オランダ等を主に車で巡った。翌年はアメリカ合衆国に渡り、約1ヵ月滞在した。（『どらいぶうえい』山海堂　1936年）

　隈部は『内燃機関学』を出版する5年前に『内燃機関上下』（大同評論社　1930年）を「綜合工学全集」の一部として出している。ただし、この書籍は、経緯は不明だが「大急ぎでなされた」関係上、隈部にとっては不満足なものであったようである。しかも、なぜか「非売品」となっている。

　その後に発行される『内燃機関学』の「序言」には「少なくとも現在知られている事実については、外国書によらずして、内燃機関学を修得できるように本書を編纂した。本書は起稿以来、出版までに10年以上、組版着手から5年以上経過」したとある。つまり前著『内燃機関』の発行以前から『内燃機関学』に取り掛かっていたということになる。

　不満足なままで「前著」の発行を余儀なくされたため、並行して『内燃機関学』の編纂に取り組んでいたと思われる。現在、その改訂資料の現物が残されているが、隈部は「前著」をばらばらに解体し、ほとんど書き直しではないかと思われるほどの修正・追加、図・写真の差し替え、および構成の（ほとんど執念と言っていいほどの）改訂を行なっている。

　かくして、全23章、122節、666ページになった大著が完成した。

参考文献・第1章

『オール・トヨタ』トヨタ自動車販売(1950年11月～1954年6月)
『モーターファン』三栄書房(1951年1月号～1971年9月号)
『トヨタ新聞』トヨタ自動車工業(1951年6月11日)
『報知新聞』報知新聞社(1951年12月30日、31日、1952年1月2日)
『愛知トヨタ』愛知トヨタ自動車(1952年3月)
『流線型』自動車週報社(1951年7月号、1952年5月号、6月号、7月号、8月号、10月号、11月号、1954年7月号)
『自動車技術』自動車技術会(1951年1月号、2月号、1952年10月号、1955年10月・11月合併号、1957年5月号、12月号)
『日本機械学会誌』日本機械学会(1952年2月号～1960年3月号)
『自動車青年』自動車交通弘報社(1952年9月号)
『スピードライフ』誠文堂新光社(1953年3月号～1956年5月号)
『中央公論』中央公論社(1955年5月号)
『燃料協会誌』燃料協会(1957年1月号)
『石油と石油化学』幸書房(1957年10月号)
吉岡光三『オートレース』埼玉県小型自動車競走会(1957年)
『思想の科学』中央公論社(1960年2月号)
『CARグラフィック』二玄社(1962年8月号)
『るうむらいと』トヨタ自動車販売(1965年10月号)
小野吉郎『世界のモータースポーツ』山海堂(1970年)
小林彰太郎『ダットサンの50年』二玄社(1983年)
森本眞佐男『トヨタのデザインとともに』山海堂(1984年)
GP企画センター編『サーキットの夢と栄光』グランプリ出版(1989年)
小林彰太郎『写真で見る昭和のダットサン』二玄社(1995年)
『Old-timer』(No.53)八重洲出版(2000年8月号)
『三栄書房60年の轍　雑誌繚乱書留帖』三栄書房(2008年)
日本自動車殿堂編『JAHFA』(No.2)三樹書房(2002年)
『日本自動車工業史稿(調査記録)』自動車工業会(1961年)
『日本自動車工業史稿(2)』自動車工業会(1967年)
『日本自動車工業史稿(3)』自動車工業会(1969年)

『愛知トヨタ25年史』愛知トヨタ自動車(1969年)
『30年の歩み』トヨタ自動車販売店協会(1977年)
『大阪トヨタ30年史』大阪トヨタ自動車(1978年)
『オートレース三十年史』日本小型自動車振興会(1981年)
『トヨタ自動車30年史』トヨタ自動車工業(1967年)
『わ・わざ・わだち』(創立40周年記念写真集)トヨタ自動車工業(1978年)
『トヨタ自動車75年史』トヨタ自動車(2012年)
和田一夫編『豊田喜一郎文書集成』名古屋大学出版会(1999年)
和田一夫・由井常彦『豊田喜一郎伝』トヨタ自動車(2001年)
『Super CG』(No.48)二玄社(2006年)
『トヨタ博物館紀要』(No.11)トヨタ自動車(2005年)
『トヨタ博物館紀要』(No.19)トヨタ自動車(2013年)
『トヨタ博物館紀要』(No.20)トヨタ自動車(2014年)
『トヨタ博物館紀要』(No.21)トヨタ自動車(2015年)
隈部一雄『どらいぶうえい』山海堂(1936年)
隈部一雄『流線形』日本評論社(1937年)
隈部一雄『内燃機関　上／下』大同評論社(1930年)
隈部一雄『内燃機関学』山海堂(1935年)
隈部英雄「日本のBCGワクチン〈サマリー〉」国際BCG技術学会(1956年10月)
『The Vaccination, Theory and Practice』(5 Rep. Ser., International Medical Foundation of Japan)(1975年)
橋本達一郎「BCGによる結核予防接種」『結核』(第57巻第6号)日本結核病学会(1982年)
『結核病学II　疫学・管理編』結核予防会(1996年)
戸田井一郎「BCGの歴史：過去の研究から何を学ぶべきか」『資料と展望』(No.48)結核予防会結核研究所(2004年)
内山田亀男手記(1999月7月)
クマベ研究所提供資料(隈部一雄　遺品・書簡・写真アルバム／トヨタ博物館所蔵・議事録・メモ類等)
トヨタ自動車販売店協会提供資料
原田寅吉写真アルバム(1951年／トヨタ博物館所蔵)

第2章

豪州一周ラリー・日本一周読売ラリー

日豪親善が具体化し始めた1950年代後半
海外輸出を目指すクラウンは日本車として初参戦
過酷な1万7000kmを走破し47位で完走した

船積みを待つトヨペット・クラウン
トランクリッドにのみ「TOYOPET JAPAN TOYOTA MOTOR CO.」と書かれている。その他のラリー名、ドライバー名、スポンサー名、車両ナンバー等は、現地で書き加えられた。

トランクの装備品
左側に90リットルの補助燃料タンク。スペアタイヤ、ロープ、スコップ、布バケツ等。

リクライニングシート
仮眠ができるように、当時は一般的でなかったリクライニング機構が設けられた。

一般には、1963年に開催された第1回日本グランプリが、日本のモータースポーツの幕開けとされている。それ以前の日本のモータースポーツは、ほんの一握りのマニアたちの間で行なわれていた小さなイベントがほとんどだった。

　しかし、実は国産車が初めて海外ラリーに参加したのは意外に早く、第1回日本グランプリ（1963年）の6年前、1957年の豪州一周ラリー（Mobilgas Rally-ROUND AUSTRALIA）である。1台のトヨペット・クラウン（RSD型）がその先駆けとなった。当時は、オーストラリアと戦後の国交が始まったばかりであり、日豪親善民間外交の一端も担っていた。

　純国産車トヨペット・クラウンがデビューしたのが1955年、そして本格的な国産車の輸出が始まろうとしていた時期である。

　1950年代後半頃から、日本車の海外での活躍が話題を呼ぶようになり、なかでも、1956年、朝日新聞社によって行なわれたトヨペット・クラウンによるロンドン－東京5万キロドライブ[注1]や1957年の豪州一周ラリー完走、翌1958年のダットサンのクラス優勝が人々の注目を引いた。

　これらのイベントでの日本車の活躍は、国内では国産車への自信や評価を高め、海外でも日本車への関心を引くきっかけとなった。

1　トヨペット・クラウンが誕生した頃

　戦後、GHQによって禁止されていた乗用車の生産がようやく許可されたのは1949年になってからである。その年の各国の自動車生産台数は、イギリスが630,000台、フランスは290,000台、そしてアメリカは実に6,250,000台。これに対して、日本はわずか30,000台以下に過ぎなかった。

　日本国内の乗用車市場についてみれば、1951年の国産車生産台数が400台に対して、輸入車はその6倍以上の27,000台に達していた。これは国産乗用車にとっての大きな脅威であった。当時の国産メーカーは、まだまだ資金力や技術開発力に乏しく、特に乗用車の製造技術・設備は国際水準には程遠い状態だった。

　1952年6月、通産省は外国メーカーの日本市場への働きかけに対応し、外国資本の導入はしばらく拒否するが、戦中戦後の技術的空白を埋めるため、外国メーカーとの技術提携を奨励する方針を決定した。日産はオースチン、日野はルノー、いすゞはルーツと提携を結んだ。

　こういった中で、トヨタは、自力で国産車を開発することを決意する。1952年初頭に本格的国産乗用車の開発をスタートし、1955年1月、トヨペット・クラウン（RS型）として世に問うた。

　1950年の朝鮮戦争特需景気の直後から日本経済の拡大基調が始まり、クラウン発売の1955年を境として、国内自動車市場は驚異的な伸びを示した。1955年後半から57年前半までは「神武景気」と呼ばれ、テレビ、洗濯機、電気釜などの家庭電化時代が始まったのもこの頃である。

　「神武景気」は1958年の金融引き締めなどにより、一時「なべ底不況」に転じたものの、翌59年には再び「岩戸景気」の好況期を迎え、池田内閣のいわゆる「所得倍増計画」に支えられて61年くらいまで続く。1955年にわずか70,000台（うち乗用車20,000台）であった国内の自動車生産台数は57年には180,000台（同50,000台）、60年には480,000台（同170,000台）、61年には810,000台（同250,000台）へと急伸長する。

　自動車の輸出に関しても、1955年を境にして、新たな段階へと入った。政府はこれに先立つ1953年、国際収支の赤字続きを打開するために、一連の輸出振興策を追加した。しかしながら、トヨタにとっても、初期の輸出は暗闇を手探りで歩くような苦労の連続であった。飛躍的に輸出が拡大したのは1957年で、豪亜、中南米を主体に前年の880台から一挙に4,000台超へと伸び、わが国の自動車輸出の60％以上を占めるに至った。

　それでも米国に国産乗用車を輸出することは、わが国の自動車業界にとっては「夢のような話」だった。当時の国産乗用車は性能、価格、信頼性のいずれの面でも、未だ自動車王国の米国へ輸出できる水準には程遠いものであったのである。

　しかし、米国の小型乗用車の輸入台数は1950年代に入って急増し、50年の16,000台が54年には32,000台、56年には100,000台を越えた。57年には200,000台を突破し、全米市場の約4％を占めることになる。

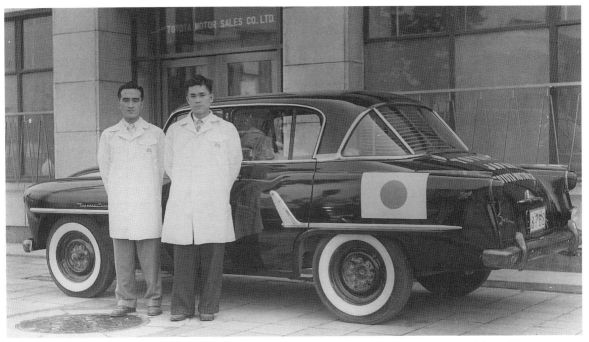

第5回豪州一周ラリー派遣選手(左:神之村、右:近藤、トヨタ自販東京事務所前)
神之村邦夫:1930年鹿児島県生まれ。1954年東京トヨペット入社。ロンドン-東京5万㎞ドライブ、豪州一周ラリーにかかわり、以後トヨペットサービスセンターで、モータースポーツ、スポーツ部品の開発、スポーツコーナーの設置、車両整備技術の向上等に努め、各工場長、特殊開発部長等を歴任。
近藤幸次郎:1928年横浜生まれ。1953年トヨタ自販入社。サービス部、海外サービス部等で、研修生の教育訓練に従事。米国・カナダ・南アフリカ・中国駐在他、海外代理店の現地指導や訓練施設の設立を支援。

事前の走行訓練
準備段階ではまず、ラリーとは何かとの勉強から始まった。規則の中にはシートベルトの装着義務があったが、「どうして車を運転するのにベルトが必要なのか」と不思議に思ったという。当時、日本には自動車用のベルトなど存在せず、部品輸入業者に依頼して英国から取り寄せた。

事前の走行訓練
日本での事前テストは、日光のいろは坂など、各地を走った。テスト車は1台。不具合は帰社後にサービス工場で修理したが、あまり、大きな問題はなく、悪路でのショックアブソーバのダメージ程度。渡豪前の数か月は米飯の代りにパン食で過ごした。(近藤談)

1957年3月、北米視察を行なったトヨタ自販社長の神谷正太郎は、この状況を目の当たりにして「この時期を逃しては、実績のない日本車は永久に米国市場から締め出されてしまう。米国進出の橋頭堡を築いておくためには、たとえ無謀と思われようと、対米輸出を決行するのは今を置いてない」と決意した。

　神谷が米国視察で対米輸出の決意を固めて帰国したのが1957年5月、トヨペット・クラウンの見本車を船積みしたのが8月、この間わずか3ヵ月だった。この2台のクラウンこそ、米国本土を踏んだ最初の国産乗用車であった。

　奇しくも「第5回豪州一周ラリー」のスタートと、同年同月のことである。

2　第5回豪州一周ラリー

豪州一周ラリーとは

　豪州一周ラリーは、1952年のエリザベス女王即位記念行事として、翌53年に発足し、58年を最後に中止されるまで6回開催された。当時行なわれていた世界的に著名なラリーには、モンテカルロ・ラリー、サファリ・ラリーなどがあり、豪州一周ラリーもその一つであった。ラリーはFIA（国際自動車連盟）の公認を受け、豪州ヴァキューム石油会社が主催、世界各国から参加者が集まった。

　ラリーコースは、オーストラリアの南端のメルボルンから西回りでオーストラリア大陸を19日間で一周するというもので、走行距離は約17,000km（10,563マイル）、悪路はもちろん、不毛の高原、砂漠を1日800〜1,000kmも走破する過酷なラリーだった。

　出場車は1,000台以上の販売実績のあるセダン。変更が許されるのは、ウィンドシールド、ヘッドランプの防護、タイヤサイズ形式、補助燃料タンクの装着、ショックアブソーバー、電気系統の防水などだけであった。その他に安全策として、各員あたり1ガロン（4.5ℓ）の飲料水、50フィート（約15m）のロープまたはワイヤー、溝堀具、緊急救命具等の携帯が義務付けられた。

　以下の記述内容は、当時の主催者公式記録、トヨタ自販ニュースリリース、広報誌『オール・トヨタ』、トヨタ自工社内報『トヨタ新聞』、『日刊自動車新聞』他の新聞・雑誌、林弘子編『新神谷傳』（1979年）および関係者への取材に基づくものである。

参加の決断

　1957年の春、日本の自動車業界に、このラリーへの参加要請が舞い込んできた。外務省を通じて日本の自動車メーカーに豪州一周ラリーへの参加を要請してきたのは、当時のメルボルン総領事の山本良雄である。

　当時はオーストラリアとの戦後の国交が始まったばかりであり、対日感情は必ずしも良好と言えるものではなかった。モータースポーツによる国際親善と貿易の振興を結び付けて考えていた山本は、日豪親善のために、日本車には是非ともこのラリーに参加してほしいという思いを募らせていた。後にケニア大使に就任すると、サファリ・ラリー参加の糸口を開いたのも山本である。

　海外からモータースポーツ・イベントに招待されるのは、日本の自動車業界始まって以来のことであり、果たして参加すべきか否か、過酷なことで有名なラリーだけに、業界ではしり込みする雰囲気が強かった。しかし、当時のトヨタ自販社長の神谷正太郎は販売拡張部長の川本節雄が持参したトヨタ宛の招聘状に目を通し、「スタンダード・ヴァキュームの主催だから、万難を排しても行くべきだ。これからは輸出の時代だ。世界的な行事に日本からの参加がないのは、将来の日本にとってマイナスだ。初めての招聘状を踏みにじる訳にはいかん。むしろ、国際的な評価を得る絶好のチャンスではないか」と考えた。

　豪州一周ラリーへの参加は自販の役員会で決定され、トヨタは国産車の国際ラリー出場の先陣を受け持つことになった。しかし、トヨタ側に十分な自信があったわけではない。後に、神谷はその経緯を次のように述べている。

　「業界では、さすがに参加をためらう人が多かった。なにしろ、19日間も砂漠、谷間、草原といった豪州の原野を突っ走るのだから、いかに悪路に適した車といってもためらうのは無理もない。しかも万一、惨めな状態で失敗した場合、これから世界に伍して行こうとする矢先だけに、日本の自動車業界にとって死活問題と

船積み作業中のトヨペット・クラウン

人海戦術の船積み作業

都内での壮行パレード（左：近藤、右：神之村）
当時のサービス部員は白衣を着ていた。
車両側面には「日濠親善　国際レース」と「羊のイラスト」が描かれている。パレードには、花自動車1台、オープンカー2台、クラウン10台が参加、自販東京事務所（八丁堀）〜神田〜上野〜品川〜新橋〜横浜〜自販と5時間の行程だったという。

派遣選手壮行会
激励の辞を述べる国産自動車普及協議会長小金義照氏。演壇左手に神之村・近藤。

自販神谷社長、来賓と選手たち

羽田空港での見送り風景

もなりかねない。トヨタの首脳部も簡単に踏み切れないでいた。しかし、出てみなければ分からない。失敗を恐れていては進歩はない。この決心であえてトヨペット・クラウンをこの壮途に参加させることに決めた」

第5回豪州一周ラリーが開催されたのは、トヨペット・クラウンのデビューのわずか2、3年後のことだった。メーカーサイドのトヨタ自工は、発売したばかりの車をそのような過酷なラリーに出すなど論外だと、反対した。前年にロンドン－東京5万キロドライブを成功させたとはいえ、まだ問題は山積みだった。クラウンの主査だった中村健也は、当時、クラウンの市場不具合の調査のため、しばしば東京を訪れていたという。しかし、残されている中村の資料の中に、豪州一周ラリーに関する記述は見当たらない。

ドライバーの人選と事前準備

当時、東京トヨペットのサービス部長であった弓削誠(後にトヨペットサービスセンター社長)は神谷に呼ばれ、「クラウンにはできる限りの改良を加えよ。勝つことが目的ではない。日本の車が完走できた、ただ、それだけの評価が得られればよい。ドライバーもこの線に沿って人選するように」との指示を受けた。

弓削は、未舗装の東京～名古屋間をクラウンに乗って5時間で走破し、破天荒ぶりを発揮していた部下の神之村邦夫(27歳)と、英語とメカニズムに強い自販サービス部の近藤幸次郎(29歳)を適任者として選び出した。世界の檜舞台に日本から最初に参加することになった二人は、選ばれたことの幸運を喜び合い、それから二人の研究が始まった。まず、豪州大陸の地形、気候、風俗、習慣に至るまで綿密に調べた。

試験路としては、日光のいろは坂が選ばれた。当時のいろは坂は非常に狭い上に、「馬も登れない」と言われるほどの急坂であった。ここで何度も走行テストを繰り返した。また、7月7日からは、東京～山形～富山～新潟～名古屋～長野など全行程30,050kmに及ぶ合宿訓練も行なわれた。

神之村は前年の「ロンドン－東京5万キロドライブ」にも関わった経験があり、これらの経験をもとに車両の改良を行なった。神之村には自信があったが、トヨタ自工でクラウンの開発に携わっていた弓削には、クラウンの弱点がよく分かっていたので、興奮気味の神之村や近藤を抑えようとした。しかし、彼らの闘志にはさすがの弓削も手を焼いた。

オーストラリアへの出発前日、トヨタ自販とスタンダード・ヴァキューム石油の共催で、二人の壮行会が帝国ホテルで行なわれた。政財官界、報道、業界、芸能界、各国大公使、在日商社などから約500名が集まるという大規模なものであった。また、この催しに先立って盛大な壮行パレードが5時間に渡って都内で行なわれた。それ以前にも外務省が特別に歓送会を開いてくれるという厚遇ぶりだった。一企業であるトヨタの企画ではあったが、貿易政策の高揚という大義名分の前に、トヨタに劣らない意気込みを抱いていたのかもしれない。

帝国ホテルでの壮行会に出席した神谷は「日豪親善のために、フェアなプレーをしてきてほしい。勝負が問題ではない。参加したことに意義があるのだから」と、はなむけの言葉を贈った。弓削も「優勝しなくてもいい。体験をしてくれればそれでいい」と激励した。

しかし、神之村たちは後に悩んだという。「完走すればよいと言われるが、それは車を壊さないように、怪我しないように用心して走れということで、一生懸命走れということではない。向こうの人が懸命に走っているのに、なんでお前たちはそうしないのかと聞かれたら、フェアとはいえない。私たちは出る以上は、命がけで走らないといけないと思った」

後年、神之村が筆者に語った言葉である。

不安な船出

1957年7月4日、豪州一周ラリーに参加するクラウンは関係者の期待と不安のうちに、英船バターフィールド・タイピング号で横浜港を出港した。一方、近藤と神之村は8月2日、神谷社長他の見送りを受け、カンタス航空機で羽田を出発した。

出発に際して、彼らは次のように語った。「急に決まったことなので、準備に忙しく、何も考える余裕はない。レースは豪州に行ってみなくては事情も分からず、とにかく、国産車が初めて参加することであり、闘志に燃えている」

8月4日、メルボルンに到着し、山本総領事を始め、

「豪州遠征記念」日章旗(藤山愛一郎外務大臣揮毫)
当時の海外渡航は一般的に外貨の割り当てが厳しく、大変だったが、豪州ラリー関係者は外務省の要請だったので、比較的楽だったという。(神之村談)

タラップを降りる近藤・神之村

近藤・神之村を迎える山本良雄総領事とヴァキューム・オイルのブルース・ベラミイ氏

スタートを前に格納された参加車
VWビートルが圧倒的に多く、スタートした86台中、24台を占め、20台が完走を果たし、1位から6位までを独占した。

ナビゲーターとなるリンゼイ・ヘドリー(45歳)や主催者、トヨタの代理店であるB&Dモータースの関係者たちの出迎えを受けた。

メルボルンでは日本の初参加が大きくクローズアップされていて、二人の到着は大きく報道された。メルボルンの人たちにとっては、日本は北半球の小さな未開の島国と考えられていたのだろう、インタビューを申し込んできたテレビ局の質問には次のようなものがあった。

「日本にはテレビがあるのか。この車は本当に日本で作られたのか。GMかフォードが日本で組み立てたものではないのか」

このテレビインタビューは好評で、領事館にはクラウンの問い合わせが殺到した。領事館も気をよくして、日本の自動車工業会宛にクラウンの資料を送るよう、公文書で依頼してきたほどだった。

現地からの報道

8月14日付けの自販のプレスリリースによると、現地からの報道として、次のように述べられている。

日本、豪州一周ラリーに参加（John Goode記）

トヨタ自動車のトヨペット・クラウン・デラックスが豪州モービルガス・ラリーに参加することは、日本の自動車史上、画期的なことである。初めて日本の車が国際自動車競技——世界で最も荒っぽい、有名なレースに参加するのである。豪州一周ラリーは、1953年に特殊潤滑油メーカーであるレデックス社によって開かれ、1956年に豪州バキューム石油会社に引き継がれた、世界最長のラリーである。今年はモービルガス・ラリーと改称され、全豪州を一周、コースは10,563哩に及ぶ。コースは極めて厳しい日程が組まれ、参加車はどの国よりも悪い道路を走行しなければならない。(中略)昨年のニュージーランドの参加を除いては、今年は、国際自動車レースとしては最初のものである。トヨペット・クラウンと同様に、西独からポルシェ、チェコからスコダ、ニューカレドニアからシトロエン、その他アメリカ、ニューギニア、パプア、ニュージーランドから夫々参加する。参加車両はおそらく100台を越えるだろう。(中略)トヨタがこのラリーに参加することは、日本のオーストラリアへの使節

としての意味からもまた、その活躍が期待される。

スタートへの準備

日本を出たときは真夏、現地はちょうど日本の冬から春にかけてのような季節に入っていて、森林や原野の一部にはまだ白い雪が残っていた。しかし、予定のコースには、太陽のもとに広がる南部の砂漠地帯も含まれ、彼らの前途にはいまだかつて経験したことがないような、冬と夏の大自然が同時に待ち受けていた。7月初めに日本を出港したクラウンがシドニーに陸揚げされたのは8月9日。クラウンはシドニーで大変な人気だったらしく、ランプ、ラジオ、アンテナ、ワイパーなど付属品の多くは「記念品泥棒」によって剥ぎ取られており、近藤と神之村は部品集めに奔走することになる。

その後、新聞社、テレビ、ラジオ、大使館、石油会社などから大歓迎を受け、シドニーからメルボルンまでの約1,000kmを、搬送を兼ねて走行テストを行なった。最高時速110km/h以上のスピードでも、エンジンその他の調子は申し分なく、彼らは自信を深めたが、ヘドリーからは次のようにくぎを刺される。「ラリーコースはいくつもの難コースから不意に選ばれる。こんな舗装コースばかり走れると思ったら大間違いだ。岩石路やクリーク、砂漠地帯のことを考えに入れること。まず、日本製のタイヤを外国製に替えたい。タイヤや補修部品の手当てにも万全の用意が要る」

その間、各国からの参加者も続々とメルボルンに到着した。このラリーのために10,000ポンド（当時の金で約6,000,000円）の改造費をかけたといわれるポルシェを始めとして、フォルクスワーゲン、ホールデン、シムカ、フォード、プジョー、ジャガー、シトロエン、ヒルマン、オースチン、スコダ、コンサル、シボレー、スタンダード、ルノー、フィアットなど、およそ名うての車が参加してきた。その総数は102台に及んだ。

参加者の中で、ドライバーも車も外国のものは、クラウンを含めて11台であった。クラウンはこれらの数多くの車に交じって、規定による車両検査や運転試験を受け、市内の公園の特設車庫に格納された。

車両検査中のクラウン
左から神之村、近藤、ヘドリー。手前は検査員。

下廻りを検査中のクラウン
仮設のピットか。

スタート地点の様子
8月21日、スタート地点に並んだ86台が2分間隔で長い旅路に出発して行く。

「豪州一周ラレー遠征記 第2報」(『日刊自動車新聞』1957.8.26)

8月26日付『日刊自動車新聞』の第2報(スタート前の様子)である。8月16日に、第1報(メルボルン到着)が、途中経過が9月2、10日付他で掲載された。帰国後の9月28日には、神之村・近藤の座談会が行なわれ、「豪州ラリーを語る」という連載記事が10月3〜8日にわたり計6回掲載された。

豪州一周ラレー遠征記 第二報

船中で部品盗まれる
赤道通過で車に異状　クラッチ切れぬ

豪州紙に掲載されたトヨペットチーム

スタートを前にメディアの取材を受ける
神之村・近藤

クラウンのスタート
カーナンバー100のクラウンがスタートしたのは、午後2時のことだった。

メルボルン市内を走るクラウン
特別なサポート隊を持たないため、多くのスペアパーツと工具類、食料・飲料水等を積み込んで1,700kgにもなった重い車を、わずか48馬力のエンジンで走らせることになる。

荒野との戦い

　8月21日、スタート地点に並んだ86台が2分間隔でメルボルンのスタート台を後にした。カーナンバー100のトヨペット・クラウンがスタートしたのは午後2時だった。クラウンには、近藤、神之村に加えて、ナビゲーターとしてヘドリーが乗り込んだ。スタートに先立ち、係員から食料・缶詰・飲料水・薬品と指示書が配られた。

　この指示書に従うとすると、平均100km/hで走らなければならず、最高速度110km/hのクラウンは、ほとんど全速力で走らなければならなかった。彼らの目論見としては総走行距離17,000kmを19日間で走破するとして、1日あたり900km、10時間走るとしても平均90km/h以上は必要と考えていた。これに面倒な道探しやコースの障害が加わるので、平均速度をさらに上げなければならなかった。しかも特別なサポート隊を持たないため、多くのスペアパーツと食料、飲料水を積み込んで1,700kgにもなった重い車をわずか48馬力のエンジンで走らせることになった。

　メルボルンの市街を抜けると、そこはもう砂漠への入り口だった。砂漠へ乗り出して見ると、羅針盤が不可欠な道具であることに気付かされた。見渡す限りの砂の波と不毛の高原地帯の連続で、何時間走っても景色は変わらない。地図と羅針盤だけが頼りだった。

　最初の試練はメルボルンを出発してから5日目の8月25日、スタート後、約5,000km、アルバニーの手前約40km付近で遭遇した。突然、インテークバルブの折損というトラブルに見舞われたのである。日本ではバルブの折損など、見たこともないため、補給パーツとして用意していなかった。しかし、幸いなことにピストンやブロックには損傷がなく、近くの町でシボレーのバルブを手に入れ、やすりで加工して急場をしのいだ。

　深夜、アルバニーのチェックポイントに入ると、3,000人余りの人々が彼らを出迎え、食べ物や温かい飲み物を差し入れた。ヘドリーは、スピーカーを使って、感謝の言葉を述べた。

　パースを過ぎると、文字通り苦難のコースに見舞われることになる。8月31日、メルボルンから出発して11日目にオーストラリア北部の都市ダーウィンに到着した。走行距離は10,000kmを越えていた。

　ダーウィンからの神之村の途中経過報告には、次のようにある。「実に、スピードと砂塵との戦いだ。車の中には砂がいっぱい溜まり、車が少し振動すると息もできない。エアクリーナーの中から手で砂を摑みだしている。そんな砂の中を走るには、アクセルの右足に一杯力を入れ、全身の力を込め、全速力で遠くから惰力を付けて突っ込んでいかないと、ハンドルを取られて走破できない。こんな状態が長く続くと、エンジンはオーバーヒートしてくる。しかし、一度エンジンを止めたら最後、脱出できないから、オーバーヒートしても止めることも出来ない。脇に乗っている方も生きた心地はしない」

　夜になれば、野生のカンガルーや牛が車にぶつかってくる。おびただしい数の「蟻塚のパイロン」に悩まされる。バンパーは取れ、ボディはガタガタになる。ただ、これらの無数の障害に対して、道路事情に関してはクラウンの方が外国車より有利だった。外国車は一般に床が低く、岩に乗り上げてギアボックスを壊したり、泥沼で立ち往生したのに対して、日本の悪路に鍛えられていたクラウンは、幾分腰高で強靭な足回りを持っていたからである。

　ナビゲーターのヘドリーはこう語った。「日本人の選手くらい一般から歓迎を受けている選手はいない。そのために、たいていのポイントでは、出発が遅れてしまった。みんなエンジンを見たがり、私がボンネットを開けて説明していたからだ。クラウンは全く頑丈で、前後のサスペンションには脅威すら感じる。世界で最も困難なコースに耐えることが証明された。それに点検や修理はすべて自分たちでやっている。これに引き換え、フォルクスワーゲンなどは本社からエンジニアを同行させ、かならずチェックポイントの十数キロ手前で待ち受け、1台ごとに乗り込んで行なった。クラウンの故障は大したこともなく、事故と言えばカンガルーに3度、野牛に1度衝突したくらい。オイルもまだ1、2回しか補給していない。こんなことがあるだろうか。それだけにバルブのような部品が手に入らないのには往生したが、彼らの一流の運転技能とメカの知識で乗り切った」

疾走するクラウン

ラリー途中のブレーキテスト

アデレードで現地の日本婦人から激励と差入を受ける。

整備中のクラウン

冠水路を走るトヨペット・クラウン

給油ステーションにて
ナビゲーターのヘドリーによると、クラウンはどこでも人気があり、エンジンルームを見せて説明をしたりしたので、出発が遅れることもあったという。ヘドリーは1970年代の初頭、東京の神之村を訪ね、旧交を温めた。

インテークバルブの折損トラブル

パースの南東約400kmの距離にあるアルバニーの手前約40kmで、インテークバルブの折損というトラブルに遭う。「その時のことは今でも鮮明に覚えている。神之村さんが運転中で、近藤は睡眠を取っていたが、カッカッカッカッという大きなエンジンノイズで飛び起きた。車を止めて、シリンダーヘッドを外したところ、周囲に、どこからともなく多くの人々が集まってきて、ヘッドライトを点灯して、助けてくれた」（近藤談）

テールエンドチャーリー

ジョン・カミンズ（モータースポーツ歴史研究者　John Cammins）は当時、救援用のチェンバレン・トラクター"Tailend Charlie"に乗って、全コースをフォローした。「数百人の人々と車がトヨペットの周囲の道をブロックした。近くの車が輪になって、ヘッドライトで照らし、クルーがシリンダー・ヘッドを分解するのを助けた」。カミンズによると、群衆はノースクリフの南西のこの小さな町で、"Tailend Charlie"とトヨペットを見ようと、6時間以上も待っていた、という。(John Murn "ROUND AUSTRALIA TRIALS 1957-58 PART 1 EAST GOES WEST")

2005年、彼の来日に当たり、カミンズから「クニオによろしく」と伝言を託された。

深夜のパースに到着したクラウン

　3時間をかけて、深夜にエンジンの修復を終えたクラウンは、再び走り出すが、やはり力は出なかった。

　パースに着いたのは翌日の深夜。この区間（エスペランス～パース間、約900km）の減点は、トラブル修復時間を含め600点、つまり10時間遅れに相当する。

友情と激励と

10日間以上も同じ大自然の過酷なコースを抜きつ抜かれつ走っていると、選手の間では、競争と言うより、仲間意識が出てくる。広漠たる原野に挑戦する彼らは、誰一人として被害から逃れられる保証はない。だから、一人の被害者が出ると、お互いを助け合おうという気持ちから、競争を越えた感情に駆り立てられた。勝敗よりも現実の困難からいかに逃れるのかの方が重大だったのである。

クラウン・チームは、自分たちよりもずっと前を走っていたフォルクスワーゲンが足回りの破損とデスリビューターの故障で立往生していたのを助け、オイル漏れで停止していたポルシェにオイル缶を提供し、土手から滑り落ちたシムカを救助した。

9月4日ブリスベン発IPA通信には、次のように述べられている。

トヨペット、競走車を助ける

オーストラリア一周ラリー出場中のトヨペット・クラウンはクイーンズランド州のロングリーチとエメラルドの200哩の悪路の途中、またまた自らの減点を冒して他車を救助、友愛精神を示した。オーストラリア人のヘイ氏の運転するシムカ車は道をそれて草むらの高くなった所に乗り上げてしまった。すぐ後ろに付いて行ったクラウンはこれを見て急停車し、30分もかかって道に引き戻した。シムカは再び走り出したが、クラウンは、また故障が起こるかもしれぬとその破損車の後を追った。案の定、車は200ヤード道を降りたところで転覆した。クラウンは選手に異常がないことを確かめ、エメラルドの町に急報した。

彼らはまた、先々で現地在住の日本人の歓迎と激励に巡り合った。終戦後わずか10数年、まだ反日感情も残っていた頃である。オーストラリア人と結婚して、異国の地に渡った女性たちが各地にいた。彼女たちは何年かぶりで出会った日本人を大変懐かしがり、国産車のPRに一役買ったり、なかには大きな握り飯を持ってきてくれる女性もいて、彼らをいたく勇気づけたという。

ゴールの感激

オーストラリア北部に入った時には、20台以上がリタイアし、9月8日、19日間の苦闘を終えて再びメルボルンに帰着するころには、わずか52台に減っていた。

優勝は24台出場したフォルクスワーゲンのうちの1台(ローリー・ホワイトヘッド、ケヴィン・ヤング組)が獲得した。減点は13点という驚異的な数字で、6位(減点90)までをフォルクスワーゲンが占めた。トヨペット・クラウンは減点1,515で、52台中の47位。車、ドライバーがオーストラリア以外から選ばれる外国賞では3位を獲得した。外国賞の1位はポルシェ(メーカー参加)のトム・ジャクソン、デヴィッド・マッケイ組が獲得、減点539で総合27位であった。

クイーンズランド州で、トヨペット・クラウンが救助したシムカ(ジョン・ヘイ、マックス・ガルト組)は、事故を起こすまでは、7位を走行していたが、減点394で、22位にとどまった。

この結果は、ベストを尽くした彼らにとって報いられて余りあるものであった。未知数であったクラウンの性能が、世界のどの車に比べても遜色ないことを実証し、ラリー参加の目的が達成されたことを彼らは確信した。

苦難を分かち合ったヘドリーは、記者たちにこう語っている。「僕は仲間の日本人たちに自分の首を半分ずつ分けてやらなければならないかもしれない。というのは、僕たちの間には、ラリー中にクラウンのスプリングやシャフトが折れるか折れないか、賭けがしてあったんだ」

近藤と神之村は、ヘドリーのこの言葉に彼の真情とトヨペットへの限りない愛情を感じ、胸に熱いものがこみ上げてきた。

また、外国賞1位の栄冠に輝いたポルシェ・チームが、その夜のパーティで「このラリーで日本人チームが示してくれた友情は最も貴重な収穫だった。もし、このような友情がなかったならば、われわれの輝かしい成績はなかったであろう。いかにも惨めで、後味の悪いものに終わってしまったことだろう」と、日本人チームに対する感謝のスピーチを語るのを聞いたとき、彼らの異国での苦闘はいっぺんに吹き飛ぶ思いだった。

日本で、この知らせを聞いた神谷は、無上の感激を

立ち往生していたVWを救助
神之村たちは、足回りの破損とディストリビューターの故障で立ち往生していたVWを助ける。このVWは最下位の52位、完走を果たす。

ゴール直前、シドニー、メルボルン間の浅瀬を渡る
（ドライバーは神之村、助手席にヘドリー、後席に近藤）

味わっていた。豪州一周ラリーの成果は、輸出政策の面からいえば、その突破口ともいえた。終戦後のまだ対日感情の険悪な市場に、一つのくさびを打ち込むことができたのだ。神谷は、彼らに万感の思いを込めて「おめでとう」と祝電を打った。

情報の展開

トヨタ自販販売拡張部発行のプレスリリース、「PUBLICITY──ご参考に」や当時の新聞等をもとに、第5回豪州一周ラリーが、どのように、一般へ情報展開されたかをみてみよう。

このラリーに関連したトヨタのプレスリリースの数は、8月14日から9月17日の間に34件に上る。約1ヵ月の間に、34件というのは一つのプロジェクトとしては異例に多く、1日に3件のリリースを発行した日が3回もある。主体はIPA（International Press Association／豪州通信）等の外電だったが、独自の解説記事、近藤・神之村からの報告や現地の日本人からの手紙、オーストラリア放送からの引用などもあった。しかも、ほとんど受信日の翌日には発行するなど、迅速な広報態勢が取られていたことがうかがえる。

新聞はIPA、UP・共同、ロイターなどが配信した外電に基づき、選手たちの到着から、ラリーの途中経過、帰国までを連日のように伝えた。最も熱心だったのは、『日刊自動車新聞』で、ラリーの2ヵ月前から紙面の半分を使って、概要を紹介、ラリーが始まると連日の速報の他に「豪州一周ラレー遠征記」[注2]と題して、半ページ近い、写真入りの記事を数回にわたり掲載。近藤・神之村たちの帰国直後の10月上旬には、「近藤・神之村氏を迎えて──豪州ラリーを語る」という対談記事を5回にわたって連載した。その記事総量は新聞2ページ近くにも及んだ。

また、雑誌等では、『モーターファン』、『モーターマガジン』をはじめ、『週刊東京』、『週刊女性』等にグラビアや記事、手記が掲載され、『中学生の友』などの子供向けの雑誌にも特集として取り上げられた。

NHKの「婦人の時間」では、西沢実作のセミドキュメンタリー番組「走行一万哩」として放送された。物語はメルボルン王立公園を舞台に、国産車「ニチリン号」の出発で始まる。ナビゲーターのリンゼイの妹アンは、第二次世界大戦中、日本軍の銃弾で恋人を失っており、兄がよりによって、日本人の車のナビゲーターになったことを心から憎んでいる。しかし、日本人のドライバーたちと苦楽を共にしながら10,000マイルを走行する間に、どんな場合にも笑みを絶やさず励ましてくれる日本人に、かたくなな心が解きほぐされていく、というストーリーであった。やはり、時世を反映して、戦後の対日感情がテーマとなっていたのである。

トヨタ自販は、『国際レースとトヨペット』というB6判、12ページのカラー印刷の小冊子を制作し、トヨペット・クラウンの豪州一周ラリーでの活躍やエピソードを分かりやすくまとめ、販促の資料として活用した。

トヨタ自工の社内報『トヨタ新聞』には、7月中旬から翌年の3月にかけて、計24回にわたって豪州一周ラリー関係の記事が掲載された。なかでも、ラリー直後の9月22日号ではトップ記事として最終結果が報じられるとともに、見開き2ページ（A2版相当）の特集記事「豪州ラリーをふりかえる」が組まれるなど、極めて異例の扱いを受けた。

『オール・トヨタ』（1957年11月14日）には「本当にクラウンは丈夫だった──豪州ラリー報告書から──」と題して、近藤幸次郎の「豪州一周ラリー報告書」を掲載した。その紹介前文には下記のように述べられている。

「過日の豪州一周モービルガス・ラリーについては、すでに色々な方法で紹介したが、このラリーに派遣選手として参加したトヨタ自販サービス部技術課の近藤幸次郎君から、ラリー報告書が提出されたので、これを転載し、故障の状況その他を詳しく披露する。この報告書の結語の中で同君は故障の原因は運転の不手際と野獣によるもので、車の堅牢さは外車に比較して遜色なかった──と云っている。運転の不手際とは、同君らの謙遜であろうが、それだけコース条件の苛酷さが窺われる。いずれにせよ、トヨペット・クラウン・デラックスは掛け値なしに堅牢性が立証されたわけで、これはトヨタの技術の優秀さを示すものである」

章末に報告書全文を掲載する[注3]。

翌1958年の『トヨタ新聞』新年号では、1957年の「会

東海岸のロックハンプトンに帰ってきたクラウン

スコアボード(メルボルン)

現地婦人から祝福のパイナップルを受ける近藤(左)、それを撮影する神之村(右)

優勝チーム(VWローリー・ホワイトヘッド／ケヴィン・ヤング)
クラウンの減点1,515に対して、優勝チームの減点はわずか13だった。

準優勝したVW(ジャック・ボーン／ボブ・ランセット)
減点28。ちなみに3位から6位までのVWの減点はそれぞれ36、65、77、90だった。7位から37位までは3桁。いかにVWチームが突出していたかが分かる。

社十大ニュース」として下記のように7番目に上げられた。

①天皇・皇后両陛下当社へ行幸啓
②小型車の大幅値下げ
③ディーゼル車の発表
④小型乗用車コロナ発表
⑤生産三十万台達成
⑥月産7千台突破
⑦豪州ラリー参加、完走
⑧倍額増資により資本金六十六億八千八百万円となる。
⑨創立二十周年記念の総合体育施設完工
⑩対米輸出をはじめ、輸出の飛躍的拡大

また、1958年1月29日、NHKのテレビ番組「びっくり百科」(30分) には、帰国したクラウンがラリー終了時そのままの状態で、神之村とともに登場した。

以上のように、このイベントの扱いは、今日では想像できないくらい大規模なものであった。

成績順位の錯綜

第5回豪州一周ラリーの最終結果は、出走86台、完走52台、トヨペット・クラウンは総合47位、外国賞3位である。注4

しかし、当初はそれぞれ45位、2位と発表され、しばらくの間、当時の新聞もそのように報道していたし、『モーターファン』、『モーターマガジン』の1957年11月号でも同様であった。特に『モーターマガジン』では、帰国後の近藤・神之村のインタビュー記事を同時に掲載した上で、総合45位、外国賞2位としている。

ラリーが9月8日に終了し、彼らが帰国したのが9月26日。その直後の9月28日に開催された『日刊自動車新聞』の座談会では、まだ総合45位、外国賞2位のままであったが、10月1日開催の『ダンロップニュース』座談会では、それぞれ47位、3位に変わっている。

また、11月16日発行の朝日新聞宮崎版でも、アフターサービスの仕事で宮崎に出張した近藤のインタビュー記事として「総合47位、外国車3位」と記されている。

これらの事実からすると、9月末に訂正の情報が入ったことになるが、ラリー終了から3週間後の訂正というのはいささか信じがたく、いつ、どういう形で訂正情報がもたらされたのだろうか。

実は、結果訂正の発表は、公式結果発表の2日後、9月12日になされていたのである。近藤・神之村たちは9月25日までは、オーストラリアに滞在していたわけであるから、この情報が入らなかったはずがない。また、外電ルートでも日本側に伝わらなかったとは考えにくい。何らかの情報の行き違いがあったのだろうか。

トヨタ自販発行の販促資料『国際レースとトヨペット』によると、順位訂正の経緯は次のように述べられている。

トヨペットは初め総合成績45位、外国賞の第2位と報道されましたが、その後に至って、同減点で同順位であった2車のうち、1車の減点が更に多いことが判明、以下順次に1位づつ繰下がり、また最初、総合成績46位、外国賞3位と発表されたシトロエン（ゴールのメルボルン近くでギヤを折損、他車に牽引されて、トヨペットより1日遅れてゴールインしたもの) の失点が1493点と判明し、トヨペットより上位に繰り上がり、トヨペットは減点 (1515点) には何ら変更はありませんでしたが、総合成績47位、外国賞の第3位と変更になりました。

順位錯綜の経緯は上記のように説明されているが、実はよくよく調べてみると、そう単純なものではなかったようである。

自販のプレスリリースにより、その経過をたどってみる。(　) 内はプレスリリース番号。

- 9月10日 (A-74)：公式最終結果発表。トヨペットは総合45位、外国参加車2位、減点1,521、シトロエンは最終コースでギヤ交換のため、総減点はこの時点では未発表。したがって、順位も確定せず。
- 9月16日 (A-80)：両選手26日帰朝予定。外国賞2位。
- 9月17日 (A-81)：最終総合成績 (順位・減点・車名・参加州・国) トヨペット46点。減点1,515 (修正)

ところが、9月12日付の大会事務局発行の最終結果 (訂正版) によると、上記とは著しく食い違った内容と

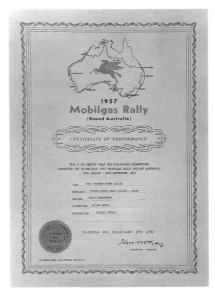

クラウンの「完走証」と「完走記念バッジ」
「完走証」は近藤氏、「完走記念バッジ」は神之村氏から寄贈され、今もトヨタ博物館に大切に保管されている。

帰国前に催されたヴァキューム・オイルによる昼食会(メルボルン)

神谷社長から感謝状と記念品目録を授与される近藤

「豪州ラリーをふりかえる」(『トヨタ新聞』の特集記事1957年9月22日)
豪州一周ラリーのような単発イベントを、見開き2ページ(A2版相当)を使って掲載するのは異例だった。

なっている。

なんと、総数52台の完走車のうち、順位の訂正個所が16、減点の訂正が22ヵ所に及んでいる。これでは、混乱するのは当然であろう。

しかし、今から60年も前の計時・集計方法・通信手段等、大会運営方法が未熟だった時代のことであり、やむをえなかったのかもしれない。

帰国後のトヨペット・クラウン

1957年12月14日、横浜港に入港したイースタン号で帰国したトヨペット・クラウンは、年末から翌年1月にかけて、東京の交通博物館、日本橋白木屋デパート、名古屋豊田ビル等に巡回展示され、2月28日、故郷の「挙母本社」に里帰りした。その後、社内各所で展示され、続いて関西各地を巡回したという。

また、同年開催された「日本一周読売ラリー」でも、レストコントロール地点に当たる広島、岡山、大阪、名古屋に回送され、「豪州一周ラリー」と「読売ラリー」の解説を加えた展示は連日、大勢の観衆を集めた。

日本車として最初に海外ラリーに参加し、完走を果たした記念すべき初代トヨペット・クラウンはその後、トヨタ自販社員に払い下げとなり、そしてやがて廃車され、現存していない。

『ダンロップ　ニュース』(1958年1月)によると、11月1日に両選手を迎えて催された座談会で、司会者が「参加車は後々の記念のために、分解されて保存されるそうですが、是非拝見させて下さい」と発言しており、当初は保存の構想があったと思われる。

第5回豪州一周ラリーから36年後の1993年、トヨタはセリカGT-FOUR(ST185)で、日本車として初めてWRC(世界ラリー選手権)のメーカーチャンピオンを獲得した。

メーカーチャンピオンを決定付けたのは、1993年9月、奇しくもオーストラリア・ラリーでのユハ・カンクネンによる優勝であった。

トヨタのモータースポーツの歴史が、1957年の豪州一周ラリーから数えて、50年を迎えた2007年の6月、世界最大のクラシック・モータースポーツ・イベント「2007 Goodwood Festival of Speed」にトヨタがメインスポンサーとして参加するにあたり、クラウンのラリー出場車を複製・再現して出展した。

製作途中、チェックのため、横浜のトヨタテクノクラフトに神之村邦夫ご夫妻をお招きした。複製ではあったが、懐かしそうにクラウンを検分する姿が印象的であった。愛知県のトヨタ博物館に復元車を展示した際は、刈谷市在住の近藤幸次郎氏にもご覧いただいた。

3　日本一周読売ラリー

第1回日本一周読売ラリー開催の経緯

トヨペット・クラウンによる「日本車初の海外ラリー」への参加は成功を収め、マスコミにも好意的に迎えられて、翌1958年の「日本一周読売ラリー」へと発展して行った。

そのあたりの事情は『新神谷傳』に次のように述べられている。

その頃、読売新聞社の事業部長をしていたのは橋本道淳、事業本部普及部長は橋本関蔵であった。このふたりと仕事の上で接触していたのが、新任間もないトヨタ自販販売拡張部長の松永又茂である。

彼らの話の中で「豪州一周ラリーのような国際的なイベントには、日本代表として参加するというムードを盛り上げた方がよい」という意見に集約して行った。こうして「日本一周読売ラリー」の企画が生まれ、その優勝者を、日本代表として豪州一周ラリーに派遣しようということになった。

トヨタ自販常務の加藤誠之(後に社長)は、「販売促進への作戦展開として、これ以上のものはない。国内販売への強力なサポートになる」と考えた。

新聞社とタイアップした、この画期的なイベントが、車の大衆化への促進剤となるのは間違いないと思われた。

「第1回日本一周読売ラリー」の開催告知

1958年4月21日、読売新聞紙上に「日本最長の自動車レース　豪州ラリー派遣選手選抜第1回日本一周読売ラリー」と銘打って、以下のような開催告知が掲載された。

日本ダンロップのショールームでの展示

帰国したトヨペット・クラウンと中江温常務・神之村(1957年12月14日)
中江温常務は当時トヨタ自販の輸出担当常務だった。

日本に帰国したトヨペット・クラウン
バンパーは走行中の振動で外れたが、外板の損傷は意外に少ない。

販促用パンフレット『国際レースとトヨペット』
発行日の表示はないが、1957年の10月か11月くらいと思われる。

復元した豪州一周ラリー・クラウン
(2007グッドウッド・フェスティバル)
1958年型車を用いて、外観のみを復元した。文字や図は残されているモノクロ写真とカラーの記録映画を参考にした。ヘッドライトのプロテクターもライセンスプレート(アルミの削り出し)も、トヨタテクノクラフト・TRDが忠実に再現した。本車両はグッドウッドで展示された後、今も様々なイベントに活用されている。

読売新聞社は今回日本一周四千五百キロを約二週間で走破する大規模なラリーを行い、その優勝者二人（一チーム）を選抜、八月二十日から豪州で行われる世界最長の自動車レース、オーストラリア・モービルガス・ラリーにスポーツ親善大使として派遣することに決定した。

このラリーはスピード専門の競技ではなく一定区間を一定時間に平均したスピードで走るいわば運転技術の腕くらべである。

- 主催：読売新聞社、大阪読売新聞社
- 後援：通産省、外務省、運輸省、通過各都府県
- 協賛：報知新聞社、日本自動車協会（JAA*）、スタンダード・ヴァキューム石油会社
- 期間：6月15日東京スタート、30日東京ゴールまでの16日間
- コース：東京－白河－仙台－盛岡－青森－秋田－新潟－富山－敦賀－鳥取－浜田－福岡－広島－岡山－大阪－名古屋－静岡－東京の約4500キロ。
- 競技と派遣チーム選定：競技は1000cc以上、以下の2クラス。総合1位を派遣チームとする。
- 参加者審査：全国を北海道・東北、関東、中部、近畿、中国四国、九州の6ブロック60チームおよび全国大学自動車部から10チームの計70チームを選抜。応募者多数の場合は道路交通法、点検整備の筆記試験で選抜。
- 申し込み締切：5月15日
- 賞典：総合優勝チーム　豪州派遣と出場車両1台。優勝杯。通産大臣杯、運輸大臣杯、外務大臣杯、賞状、副賞。他に完走賞、級別優勝杯、区間賞（通過都府県知事賞）

*JAA　日本自動車協会、1951年創立。1963年、JAF日本自動車連盟と合体。

殺到した申し込み

日本一周読売ラリーの参加要領が発表されると、参加申し込みが殺到した。東京だけでも123チームが募集に応じ、全国では301チームが申し込んできた。都府県別予備試験として、交通法規と点検整備の筆記試験を行ない、50チームを選抜、6月7日の読売新聞紙上に発表した。

車名別の内訳は、トヨペット・クラウン25台、トヨペット・マスター／マスターライン4台、トヨペット・コロナ4台、ダットサン10台、ヒルマン、ルノー各2台、オースチン、プリンス、トヨペット・ワゴン各1台。1000cc以上のAクラスがクラウン、マスター、オースチン、ヒルマン、プリンス、1000cc以下のBクラスがコロナ、ダットサン、ルノーであった。

出身地別では、東京17、近畿9、東北4、関東5、中部7、中国四国6、九州2。

職種別では、個人28、企業9、団体・クラブ5、大学自動車クラブ8（早稲田、慶應、中央、日本、明治、名古屋工業、立命館、神戸）であった。

この中には、東陽物産社長東郷行泰（後の米国トヨタ社長）・美作子夫妻、東京トヨペット同好会の会長鎗田寿夫や日刊自動車新聞社主筆鈴木敏男の名前もあった。

また、前年の第5回豪州一周ラリーに参加、完走した神之村邦夫は審判員の一人として、この大会運営に加わった。

出陣

参加車両は6月13日、車両検査を受け、明治神宮絵画館裏に勢ぞろいして、主催者の管理下に入った。

翌14日には全参加チームに対して、大会審判長日本自動車協会（JAA）樋口泰久理事長、大会委員長読売新聞社橋本道淳事業本部長などから、ルールについての詳細説明と出走順の抽選等があり、夜には1,000人の招待客を交えて、前夜祭が盛大に催された。

ルールの概略は以下のようなものである。

15ヵ所の出発地点で、スタートの際に渡されるロードブックに指示してある、コース、走行距離、走行速度に従い、次のコントロールポイントまで1分以内の誤差で到着すれば、減点ゼロ。1分ごとの誤差に対して、減点1、コントロールで車両の点検・補修、コントロール付近で時間調整を行なった場合は100点の減点。交通違反、車両事故、ロードブックの紛失、5時間以上の遅着、乗員が1名となった場合は失格。

15日、午前5時ごろには、棄権4チーム（クラウン、ダットサン各2台）を除く46チームが続々と集合した。午前7時、数千人の観衆が見守る中、海上自衛隊音楽

勢揃いした日本一周読売ラリー参加車両
(神宮絵画館裏)
©読売新聞社

日本一周読売ラリーのスタート風景
©読売新聞社

隊の吹奏に送られ、2分間隔で、出走を開始した。

8時32分、最後尾のあずき色の1957年型トヨペット・クラウン(東郷夫妻)が初日の終点白河を目指してスタートしていった。

ラリーの経過

初日は白河までの約210km。修善寺観光協会(静岡)の1956年型クラウンが7時間23分43秒の減点ゼロで首位に立ち、区間優秀賞、福島・栃木県知事賞を受賞した。東京トヨペット同好会も減点ゼロで2位につけた。東郷夫妻は減点1で、5位となった。なかには、1時間以上も早く着いて66点も減点される車もあった。

白河〜仙台間では、交通違反等で3台が失格、盛岡では、東京トヨペット同好会がトップに立った。その後、東京トヨペット同好会は新潟まで連続4日間首位を堅持したが、盛岡以降2位を走っていた東郷夫妻が、富山で東京トヨペット同好会に1点の差をつけ、首位に躍り出た。

東郷夫妻は、鳥取で一時、東京トヨペット同好会に首位を奪われるが、浜田では再び首位に立ち、その後一度も首位を明け渡すことなく、東京に戻ってきた。

一方、新潟以降ほぼ3位を維持していたダットサンの入船茂チーム(広島)は東京トヨペット同好会との間で激しい競り合いを演じ、名古屋で2位となり、東京のゴールまで保ち続けた。東京トヨペット同好会は3位に甘んじた。

読売新聞社の機報部無線班は、全コースにわたり中継地点を求めて車で走り回り、100kmに及ぶ広範囲にわたって、審判員相互の連絡を完全に保つのに貢献した。(『読売社報』1958年7月20日)

6月30日午後4時18分38秒、34台目の最後の車、トヨペット・コロナの高橋政雄チーム(新潟)が、ゴールの明治神宮前絵画館に飛び込んできた瞬間、16日間、実走距離3,940kmにわたるわが国最初の画期的ロードレースが幕を閉じた。

優勝した東郷夫妻は減点わずか25点、2位の入船チームは30点、3位の東京トヨペット同好会は32点という、4,000kmを16日間で走行して、指定時間との誤差がわずか20、30分という結果だったのである。

東郷夫妻には、大会優勝杯、通産・運輸・外務の各大臣杯が贈られた他、第6回豪州一周ラリーに出場する栄誉が与えられ、トヨタからは出場車トヨペット・クラウンが提供されることになった。

残された課題

競技途中、成績の判定に関して参加者から抗議が出され、一時紛糾する場面や抗議の棄権もあった。しかし、様々な制約の中で次々に生じる問題に遭遇しながらも、初めての一大イベントは一応の成功を収めた。

当時のJAAの審判員野口正一は、ラリー後の懇談会で、初めてのラリーの感想を次のように述べている。

> 今度のラリーは初めてのことなので、参加者のレベルがどの程度のグループになるか分からなかった。強いて大別すれば、経験や整備技術の関係から、A、B、Cの三つのクラスに分かれるのではないかと思った。Aクラスを基準にしてプランを立てると、B、Cクラスにとっては非常に無理なことになる。反対にCクラスを基準にすると、A、Bクラスにはつまらないことになる。殊に今回は第一回目のラリーだから、16日間を通じて、できるだけ全部の参加者にゴールインしてもらうことを第一とした。
>
> したがって、豪州ラリー選抜という目的はあっても、Aクラスを基準にするわけにもいかないので、大体中間のBクラスを基準とした。また、東京ー新潟、新潟ー福岡、福岡ー東京の3区間に分け、第1の区間での全員のレベルを見て、第2、第3の区間のプランを立てて、次第に完成させる方法を取った。
>
> 計画の時点では、優勝車の減点が50点くらいと予想していたが、実際には25点と予想を越える成績だった。参加者の計画が周到で、経験がものを言い、作戦もよかったのだと思う。(『モーターエイジ』1958年8月号)

また、残された課題について、当時の『モーターマガジン』誌(1958年8月号)は、無事にこの難事業をやり遂げた読売新聞社、JAAの各メンバーには深い敬意を示しつつも、次のように指摘している。

- ラリーとしての国際性を持たせるには本来のラリーの原点、すなわち車の集合競技、たとえば日本各地

箱根を走る参加車両
© 読売新聞社

日本一周読売ラリーのゴール
© 読売新聞社

優勝した東郷行泰・美作子夫妻
© 読売新聞社

から東京を目指して集まってくるというやり方の方が望ましい。
- 豪州一周ラリー式に日本の悪路を16日もかけて一周するのは、あまりに長すぎる。
- 一般のオーナードライバーが気軽に参加できるようにすべき。今回は会社役員、自動車関係、学生チームに偏った。
- 国産車だけの参加は時勢に合わない。せめて国内各社が足並みをそろえて参加し、一社に偏らないようにすべき。
- 審判の公平性に一層の努力を期待。
- 安全な範囲で、融通性のある交通規制の適用。

さらに、つまるところ、あまりに準備期間が短かったということを指摘している。(同誌9月号)

そもそもこのラリーを企画したのはトヨタ自販で、最初は豪州ラリー派遣者を決めるために行なう「トヨタラリー」であった。

しかし、このような大掛かりなイベントをトヨタ一社で行なうことに対する疑問とスポーツとしての大義名分を立てるためにも、読売新聞社が主催者として引き受けることになり、全国産車による日本一周ラリーに変更されたという。

読売新聞社はさらに自動車工業会に対して後援を要請したが、自工会は「趣旨は大いに結構だが、ラリー実施まであと一ヵ月半もないのでは、いかにも準備不足だ」ということで、この要請を見送った。自工会にとっては、メーカー間の微妙な問題があり、販売活動にも影響してくるという厄介な理由もあったといわれる。

主催者サイドの準備不足とラリー運営知識や人材の不足は、様々なミスやトラブルをひき起こし、精一杯の努力をしながらも、結果的に批判されることになった。

ラリー後、審判団は次のように述べた。

> 第1回の困難なレースが、主催者ならびに選手諸君の一致協力によって、無事終了できたことはうれしいと思っております。ただ、大規模なラリーであっただけに、いろいろな不備な点や一部にトラブルもありましたが、ルールにあった交通法規の厳守ということは、これからきっと役に立つと信じております。また、途中で風評を信じ、棄権したチームがあったことはまことに残念でした。これをきっかけとして、ますますモータリゼーションの発展することを望む次第です(審判団)。(『モーターマガジン』1958年8月号)

こうして、いろいろな問題を抱えつつ、おおむね成功を収めた「日本一周ラリー」ではあったが、翌年からの開催は、交通事情などの理由で見送りとなった。

しかし、通産省、運輸省、外務省、警察庁、通過各都府県等の全面的な支援協力を得て、審判車、随行車を含め70台もの車が日本一周をした競技は、これ以前以後を通じて例がない。

この後、ラリー競技が盛んになり、自家用車も一般に普及し始めた。

翌1959年、日刊自動車新聞社長木村正文によって、オーナードライバー団体JMC(日本モータリストクラブ)が設立され、ラリーなど各種行事が展開されるようになった。日本一周読売ラリーの企画運営(競技長)に携わった野口正一たちによって、第1回日本アルペンラリーがシリーズ戦として、同年7月に開始された。第1回日本グランプリの4年前のことである。

また、1959年〜1961年にかけて、中部日本新聞社によって、16,000kmに及ぶ比較的大規模なラリーが開催された。これについては、第5章に詳述する。

4 第6回豪州一周ラリー

トヨタの再挑戦と日産の初参戦

1957年の第5回豪州一周ラリーは国内的にも大きな反響を呼び起こし、日本一周読売ラリーにつながるとともに、1957年には時期尚早と足踏みをしていた他のメーカーも、盛り上がる世論の中で、参戦の意志を固めつつあった。

オーストラリアからは、再び招聘状が届き、今年は全国産車に参加してほしい旨を伝えてきた。

今回は大会名を、Mobilgas Rally ── ROUND AUSTRALIA から Mobilgas Trial ── ROUND AUSTRALIAに変更された。本来のRallyとしては余りに過酷な耐久レースだったのがその理由だという。

現在では、トライアルという言葉は、ダートトライ

アル、タイムトライアルなどと使われ、あまり過酷なイメージはないが、当時は「過酷な耐久レース」として扱われていた。

1958年10月、自動車技術会の座談会で、神之村邦夫は次のように発言している。「トライアルというのは、ラリーの上にもう一つ輪をかけたようなもので、車の耐久ということも加味されてくる。(ラリーのように)楽しむというよりは、悪路で耐久試験をするようなものだ」(『自動車技術』No.12 1958年)

また、東郷行泰はその著書『ハンドルは生きている 豪州ラリー駆けある記』(1959年)の中で、主催者の説明会での話を引用し「去年までこのラリーを『オーストラリア一周ラリー』と言っていたのを、今度からは『オーストラリア一周トライアル〈耐久〉』と名称を変えたのは、レースの激しさから言って当然であるし、またそれを新しく認識させるためであるという説明がなされた」と述べている。

走行コースはスタートがシドニー、ゴールがメルボルンに変更になり、東部と南西部のコースに変更が加えられ、総距離も10,100哩(約16,000km)に短縮された。

トヨタは2台の参戦を決定し、マネージャーとして守屋経郎(自販輸出部)、選手として神之村邦夫(東京トヨペット)、清水信雄(東京トヨタ)、小西明(京都トヨタ)、西本博之(大阪トヨタディーゼル)を選出、これに読売新聞社派遣の東郷行泰・美作子夫妻が加わり、3台のトヨペット・クラウンで出場することになった。

一方、日産も1958年3月には、このラリーへの参加を決め、早急に準備に取り掛かった。日産の狙いはダットサン210型の技術水準を実験し、将来の輸出乗用車の企画の参考にすることであった。(『日産自動車三十年史』1965年)

事前の訓練

日本一周読売ラリーが終わったのが6月30日。読売ラリーに優勝し、豪州ラリーに派遣されることになった東郷夫妻は、その後2ヵ月間、頻繁に催される歓送会、出発の準備、留守中の諸手配に忙殺された。そんな慌ただしい時間を縫って、彼らが北海道に運転訓練に出かけたのが、7月12日だった。トヨペット同好会の大槻、小川たちが同行した。東京から青森まで車で飛ばし、青函連絡船で函館へ、その日のうちに、小樽、札幌を経て、定山渓まで走行。翌日は層雲峡から阿寒、3日目は摩周湖、釧路、帯広、襟裳岬、登別、函館と約2,500kmを走行した。

ほぼ、時を同じくして、神之村、小西、西本、清水らのトヨタ・チームも、7月22日、挙母(豊田)本社での打ち合わせの後、紀伊半島一周の訓練を行なっていた。

一方、日産チームも2ヵ月にわたって、走行訓練を実施していた。試験車1台は4月末に、本戦用の2台のダットサンは6月半ばには完成し、富士号、桜号と命名された。

1958年4月、業務部次長の片山豊、サービス部サービス課の三縄米吉、設計部実験課の大家義胤、難波靖治、吉原工場組立課の奥山一明が集まり、これから遭遇するであろう未曾有の困難をどう乗り切るか、不安と期待の入り混じった複雑な思いで、訓練コースの相談を行なった。

片山は事前に神之村に会い、「トヨタ宣伝部を通して前年トヨタで参加した神之村邦夫から、彼自身が撮影したコースの映像を見ながら、丁寧な説明を受けた」という。(新井敏記『片山豊 黎明』2002年)

工場のある静岡県吉原市から直江津に出て、山陰を下関まで行き、山陽を回って帰ってくる西回りコース。北回りコースは直江津から日本海沿岸を北上、青森から東北道を南下、吉原に戻る。

これらのコースを3周し、富士川での水中走行訓練、最後に北海道に渡って、高速走行、総走行距離は実際のラリーの走行距離に匹敵する15,000km(18,000、20,000kmと記している資料も)に及んだ。

奥山によると、当時、国内の道路はほとんどが未舗装で、条件は現地より厳しい部分があるが、最高速度は60km/hに制限されているので、現地と同じ条件では走れない。そこで、前年のラリーの実績を調べ、24時間走行して10時間休息するという不規則な運転状態に、いかに耐えられるかという訓練をいろいろな道路条件で実施したという。

『ニッサングラフ』(1958年11月号)によると、もともと、その時期には、ダットサンの対米輸出のために、高速耐久試験が徹底的に行なわれていた。豪州一周ラリーの話はそういう状況の中で出てきたことなので、

渡豪前の3台のトヨペット・クラウン
まだ、カーナンバーが入っていない。左から⑥清水車、㉘東郷車、⑱神之村車で、それぞれ、ライトブルー、ダークレッド、ブルーと白とのツートーンカラーだった。

完成した3台のトヨペット・クラウン
左から神之村車、清水車、東郷車。東郷車には読売新聞の社旗がペイントされている。
フロントフェンダーには「CHAMPION OF YOMIURI RALLY(ROUND JAPAN) THE YOMIURI SHINBUN」とある。

ルーフ前端には「TOYOPET IS YOUR PET!」、トランクには「TOYOPET CROWN DELUXE TOYOTA MOTOR JAPAN」と描かれている。

1500cc、発売当時はわずか48馬力のエンジン。クラウンの登場は1955年初頭だった。

増設された計器類

トランク内のスペアタイヤ、ジャッキ、補助燃料タンク

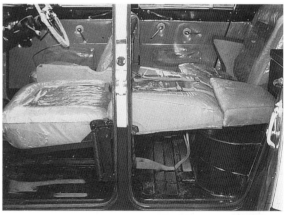

シートはリクライニング機構を追加して、フルフラット化。シートベルトは国内には存在せず、英国から取り寄せたもの。

第6回豪州一周ラリーへの出場選手たち(左から東郷夫妻・小西・清水・西本・神之村)

渡豪前に展示された東郷車(読売号)

日産チームの出発
チーム監督・マネージャー兼通訳の片山豊は事前準備のために一足先にシドニーに乗り込んだ。

羽田空港から出発するトヨタ・日産の両チーム
彼らは1958年8月1日、同じフライトでオーストラリアに向けて旅立った。

ダットサンの耐久性には、かなりの自信を持っていたことを片山、奥山、難波らがラリー後の座談会で述べている。

参加車両の3台の1958年型トヨペット・クラウンと2台のダットサンは、すでに6月28日には、横浜港からオーストラリアに向けて、船積みされていた。

8月1日、トヨタ、日産、読売の各派遣選手とマネージャー一行は、関係者が振る両社の社旗に送られて、羽田空港をオーストラリアに向け出発した。[注5]

出走前の様子

8月2日にシドニーに着いたトヨタ・チームは、すでに到着していた車を引き取り、関係先への挨拶や出走順の抽選会のために、メルボルンに向かった。

8月11日付の守屋経郎マネージャーからの連絡によると、

- 8月2日午後6時、シドニー着。テレビ、ラジオ、新聞等多数の歓迎。ラジオでは守屋および東郷氏各4分間、テレビは約5分間3日に放送。
- 8月3日、MGスポーツカーのイベントに出席。ナビのヘドリー氏の顔で場内放送で紹介され、拍手喝さいを受ける。
- 8月4日、3台のトヨペット・クラウンを引き取り、部品の盗難もかすり傷もなし。点検整備を兼ね、試運転。総領事館訪問。夜、慣らし運転を兼ね、B&Dモータース、タワーモータースでの受け入れ検査のため、メルボルンに直行、500哩。

シドニーに到着した神之村と東郷夫妻

- 8月5日9時半、メルボルン着。テレビに出演。カーナンバー決定。
- 8月6日午前、ヴァキューム石油会社訪問。午後車両整備。
- 8月7日午前、ダットサンがシドニーからメルボルンに到着、クラウンとともに市内をパレード。
- 同日、主催者は出場車が71台と発表。
  ホールデン(豪)13台、フォルクスワーゲン(独)12台、スコダ440(チェコ)6台、スタンダード・バンガード(英)、フォード・ゼファー(英)各4台、ポルシェ(独)、トヨペット・クラウン(日)各3台、ダットサン(日)2台、他24車種。
- 日本車各車のカーナンバー・ニックネーム(ナビゲーター):

【クラウン】清水・西本組:⑥エミュー号(ブライアン・マクナマラ)、神之村・小西組:⑱カンガルー号(リンゼイ・ヘドリー)、東郷組:㉘コアラ号(エヴァン・トーマス)

トヨタ・チームは親善の気持ちを伝えるために、神之村の発案で豪州の原野に棲む動物名をニックネームとした。

【ダットサン】三縄・大家組:⑭桜号(アラン・ギボンス)、奥山・難波組:富士号⑲(ブルース・ウィルキンソン)

メルボルンでの日程を終え、今回のスタート地点のシドニーに戻ったのは、8月14日、8月20日のスタートまでの残された6日間で、エンジン調整、各部の点検、検査手続きなどの最終の準備に入った。

今回の出場車両は結局67台で、昨年より20台も少なかった。女性ドライバーの参加が増えて、東郷夫人を含めて12人に上った。

苦闘するトヨペット・クラウン

やがて8月20日のスタートの日、各出走車には18ヵ所のコントロール・ポイントが記されたラリー・カードが配布された。[注6]

日本車の出走順は6番目がクラウンの清水・西本組、14番目がダットサンの三縄・大家組、18番目がクラウンの神之村・小西組、19番目がダットサンの奥山・難

シドニーでの車両整備
左からマネージャーの守屋・東郷夫妻・小西・清水・神之村・ヘドリー・西本・サウススコット（ガレージ・オーナー）

現地の新聞に紹介される（1958年）
「6人の日本人、豪州一周トライアルに出場　6人の日本人トライアル・ドライバーが今年のモービルガス・トライアル出走順抽選のためメルボルンに到着した。うち、一人は身長4フィート9インチ（145cm）、35歳、2児の母である東郷美作子夫人。神之村邦夫のみが昨年の経験者。ナビゲーターは昨年参加のLindsay Hedley、Constable Brian McNamaraそしてEvan Thomasの3人。『勝つつもりか？』との問いに神之村は『もちろん』と答える」。写真は、「規則書」の日本語訳を読む東郷夫人。左から、清水信雄、西本博之、L. ヘドリー、神之村邦夫、東郷行泰、美作子、小西明。

3台のトヨタの出場車両
左から⑥エミュー号（清水・西本・マクナマラ）、⑱カンガルー号（神之村・小西・ヘドリー）、㉘コアラ号（東郷夫妻・トーマス）。神之村の発案で、オーストラリアの原野に棲む動物名をニックネームにした。㉘は読売新聞のエントリーだった。

ダットサン富士号と難波（右）奥山（左）
モノクロ写真では分からないが、富士号のボディカラーはあずき色。桜号はクリーム色。

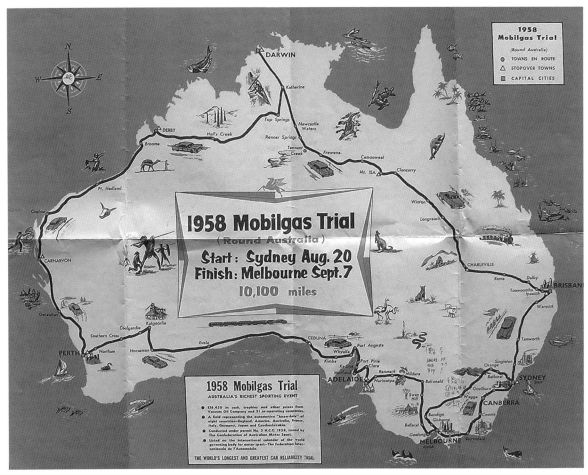

第6回豪州一周ラリー　コース図
今回のスタート地点はシドニー、ゴール地点はメルボルン。つまり、シドニー→メルボルン→（1周後再び）シドニー→メルボルンとなった。前回（1957年）から東部と南西部のコースが変更になり、総距離も10,563→10,100mileと745kmほど短縮された。

東郷夫妻のスタートシーン
現地の日本人と鯉のぼりに送られて出発する東郷車。

レース中でのワンショット
神之村（右）・小西（左）。

波組、東郷組が28番目で、午前10時、先頭車のスコダから2分間隔でシドニーをスタートして行った。

シドニーの市内では、小学生たちが、日曜日でもないのに旗を振って応援する姿が見られた。東郷組のナビゲーターのエヴァン・トーマスによると「このラリーのための特別休校で、ラリーに興味を持たせながら、地理、車の種類、外国人について、いろいろなことを勉強する」とのことだった。

神之村には「昨年、完走、外国賞を獲得したトヨペットとしては、優勝を狙わなければ意味はない」と心中、ひそかに期するものがあった。しかしながら、メルボルンへのコースについてみると、事情は予想と全く異なっていた。このコースには、未曾有の豪雨が降り続いていて、ニューサウスウェルズ州とビクトリア州の州境一帯はマレー川が氾濫、復旧のため1,000人以上の人間が動員されていたのである。従って、洪水と泥濘に曝されたラリーコースも変更を余儀なくされ、大自然の猛威がいかに厳しいものであるかまざまざと知らされた。

反日感情の洗礼

東郷組は、ナビゲーターの2度のミスコースや横転事故、走行指示書の置き忘れなどで、険悪な雰囲気になり、8月21日午後2時、疲労困憊して、メルボルンに到着した。東郷はナビゲーターの解雇をマネージャーの守屋に訴えたが、守屋のとりなしでそのまま続行することになった。

8月23日夕、東郷たちはセドゥナの町に入る。レストコントロールは、海辺に近い学校の運動場だった。市内にホテルは1軒しかないので、3分の2の選手たちは体育館で雑魚寝をすることになっていた。

モービルガスの宣伝部員で、シドニー以来報道車で伴走してきたモーリス氏が、言いにくそうに東郷たちに告げた。「ホテルは日本人を泊めることを拒否している。ミセス東郷だけでもと何度も頼んだが、ダメだった。そこで、自分が予約している部屋を彼女に譲る」

東郷は彼の厚意を受けることにしたが、ホテルの女主人は「何ですって！　日本人を泊めることは、固くお断りしたはず。日本人なんか草の上で沢山だ！」とヒステリックな態度。結局、宿泊できることになったものの、東郷夫人は一睡もしないで夜を明かしたのだった。

清水・西本組の悪夢

コース状況は、メルボルンを過ぎ、アデレードを過ぎるあたりまでは、まだマシだった。

しかし、アデレードから約900kmのセドゥナを過ぎた4日目の8月23日、清水・西本組には悪夢のような運命が待っていた。セドゥナから約80kmの地点で、車は雨のために水没した道路の穴に前輪を突っ込み、横に一回転、さらに勢い余って、後ろ方向にも一回転してしまった。シートベルトを付けていたため乗員は無事だったが、前後左右の窓ガラスとリアドアの一部を破損、タイヤもパンクし、寒風と大水の中に曝されることになった。彼らは降りしきる冷雨の中、次の目的地まで不眠不休で走り続け、パースに到着したのは、それから30余時間後であった。マネージャーの守屋は断腸の思いで、西本たちに棄権を命じた。

東郷組、神之村・小西組のリタイア

これに対して、神之村・小西組は、パースを過ぎてジェラルトンに向かう5日目の8月24日、草原を貫くコースは依然として洪水のため水没していて、大雨の後から通過することになった参加車の多くは立ち往生しなければならなかった。

東郷車は他の多くの車とともに車の半分を泥沼にめり込ませてしまった。これを発見した神之村たちが救出を試みたが、自分たちの車も沼に入り込み、なすすべがなかった。遥か彼方で2台のダットサンも悪戦苦闘していた。

出発以来、東郷車はたびたびジェネレーターステーを破損したり、コントロールポイントを逸したり、洪水と沼地のために大きな減点を余儀なくされていた。そして、8月27日、ジェラルトンからカナーボンに向かう途中、カンガルー集団に遭遇、そのうちの一頭が衝突して、ラジエター、フロントガラス、フェンダー、ライト等を破損した。カナーボンからの救助隊が到着したのは、翌28日の未明。

新聞には「東郷夫妻、ラジエターが直り次第、レース車を追って一周の決意」と書き立てられた。カナー

転倒した西本・清水車
4日目、セドゥナ（オーストラリアの南沿岸のほぼ中央部）から80km付近で転覆、車両の損傷甚大。パースまではまだ、900kmもあった。パースで、棄権を指示される。

東郷車
7日目、行方不明情報が流れ、日本でも大騒ぎになった。夜間、カンガルーに衝突。救助隊を待つ。

観衆に囲まれる神之村・小西車
12日目、北部のダーウィンから南下中、クラッチハウジングが岩に激突、リタイアを余儀なくされる。

㉘の東郷車
助手席に乗り込もうとしているのはナビゲーターのエヴァン・トーマスか。

束の間の休息（小西・清水）

ボンで待機していた守屋は救助隊に手紙を託し「カナーボンから先は最もひどい不毛の地で、主催者側の密接な連絡と支援の下に行くのならまだしも、たった1台で行くのは極めて危険」と再考を促した。東郷はここまで来たら、どうしてもオーストラリア一周をしてみたいと思ったが、涙をのんで同じ道を引き返すことにした。

東郷たちの波瀾に満ちた「豪州一周ラリー」は幕を閉じた。

一方、危機を脱した神之村・小西組は、北西部のダービーを経て、ラリーの中間点ダーウィンを過ぎ、南下して奥地のキャサリンに向かって驀進を続けた。このあたりは打って変わって、砂漠地帯である。ダーウィンを過ぎて、約240kmの地点、神之村が一寸先も見えない砂塵の中を時速100km/hで走行していたところ、路面から頭を付き出していた岩に、クラッチ・ハウジングが激突し、エンジン・ブロックに亀裂が生じてしまった。熔接による応急処置を施し、再び走り出したが、約90kmで、事故に起因するクラッチのトラブルにより、リタイアを余儀なくされた。

東郷たちが、神之村たちのリタイアを知ったのは、メルボルンへの帰途、アデレードであった。「モービルガス・トライアル速報版」に「No.18トヨペット　アウト」表示されているのを見て、我が目を疑った。頼みの綱の神之村・小西車がダーウィンの先でリタイアしていたのだ。上位はフォルクスワーゲンとホールデンがほとんどを占めていた。ダットサンが2台とも力走しているのが、せめてもの救いだった。

日産チームの動向

一方、2台のダットサンはクラウンと同様に大洪水やカンガルーとの激突など悪戦苦闘の連続ではあったが、砂漠地帯の難コースを含む全コースを完走して、9月7日、メルボルンのアルバート・パークにゴールインした。

この結果、富士号（難波・奥山組）は減点1,129点でAクラス（1000cc以下）の第1位となり、クラス優勝、完走車34台中総合25位、外国参加賞3位に入賞した。桜号（大家・三縄組）も完走を果たし、クラス4位に入賞、スタックした他車を助けたことでフェアプレー賞も受賞した。

なお、総合優勝はフォルクスワーゲンで減点わずか11点という、この困難な状況の中で驚くべき成績であった。そのうえ、2、3、5位も獲得するなど、前年に引き続き、圧倒的な強さを示した。

ただ、残念なことに、ダーウィンからマウント・アイザへ南下する舗装路でフォルクスワーゲンがクラッシュ、乗員が車外に投げ出されて死亡するという事故が発生した。

これがもとで、翌年からの豪州一周ラリーは中止されることになる。

19日という競技期間は長すぎたし、ラリー車にひき殺される野生動物の被害がはなはだしく、動物愛護団体からの抗議も大きくなったことも中止の一因だったという。

ラリーが終わって

ラリーが終了した9月7日夜、野本メルボルン領事が日本選手団全員を招いて、慰労会を開いてくれた。東郷夫人が「肩身が狭い」というと、野本領事夫人から「あなた方は親善の役目を立派に果たしたのです。勝敗は問題ではありません」と優しくなだめられた。

9月9日、午後6時からオリンピック・スタジアムで表彰式が行なわれた。優勝はフォルクスワーゲンのエディ・パーキンス、アーサー・スミス組で、約1千万円の賞金と賞品、そしてモンテカルロ・ラリーの出場権も獲得した。華やかな表彰式の後、ラリー中に事故で亡くなった選手への義援金が集められ、わずか5分間で75,000円に達したという。

翌朝、神之村、小西、清水、西本たちはメルボルンを旅立った。東郷たちには、まだいろいろと仕事が残っており、守屋とともにしばらく現地に留まる必要があった。

9月13日、彼らはキャンベラの大使館を訪れ、鈴木大使に面会した。鈴木大使は「行方不明の時は、外務省から何度も電報が入り、東郷夫妻の安否を尋ねてきた。モービルガスやパースに電話しても、所在が不明でずいぶん心配した」と語り、「それにしても非常に良い親善を果たした。日本人に対する感情は一年一年よくなり、殊に今度のラリーは全国民に非常に関心を持

ダットサン富士号のスタート
© 日産自動車

悪路から脱出するダットサン富士号
© 日産自動車

手押しによる脱出
© 日産自動車
泥沼にはどのチームも悩まされた。

ダットサン富士号のゴールイン
© 日産自動車
9月7日15時30分、ダットサン富士号と桜号は2台連なって、メルボルンのアルバート・パークにゴールイン。沿道に集まった6万人の観衆が拍手と歓声で迎えた。

日産チームの帰国歓迎会
© 日産自動車

帰国

神之村、小西、清水、西本たちが羽田に降り立ったのは、9月11日、東郷夫妻が帰国したのは9月22日であった。ラリーは不本意な結果であったが、いずれも多くの関係者、報道陣に暖かく迎えられた。

9月17日に帰国した日産チームは羽田空港において、日産自動車の役員、販売店首脳、関係会社役員、日本ダットサンクラブ、日本スポーツカークラブの会員など約1,000名の歓迎を受け、100台の車による大パレードが展開された。

さらに、9月21日、一行はオープンカーに搭乗、販売店の応援による50台の随行車を従えて横浜の日産本社を出発、静岡県吉原市に向かった。日産吉原工場での歓迎会を経て、吉原市主催の祝賀会に出席、市民5,000人の盛んな喝采を受けた。

そして、24日には東京・高輪の光輪閣に、政財界、関係官庁、金融機関、関係会社、報道関係、販売店関係者、約1000人を招待して、盛大な帰国報告会が開催された。招待者の中には、愛知揆一法相、椎熊三朗衆議院副議長、浅沼稲次郎社会党書記長、上野幸七通産次官、金子鋭富士銀行頭取、今里広記日本精工社長、スタンダード・ヴァキューム石油B.ハント支配人の他、北村小松、岡本太郎、白川由美など著名人の顔もあった。

東京、吉原での歓迎会に引き続き、10月7日には、神戸－大阪－京都への150kmの凱旋パレードを行ない、各販売店から繰り出した応援車や協力会社、ファンクラブのメンバーが参加、75台、300人の大部隊となった。10月9日には、名古屋市内で50台のパレードが行なわれた。

このあたりの熱狂ぶりは日産の広報誌『LIGHT CAR』(1958年11月号)、『ニッサングラフ』(1958年11月号、12月号)および『日産自動車吉原工場50年史』(1994年)に詳しく記されている。

日本車の技術上の課題

第6回豪州一周ラリー直後に開催された自動車技術会での話題を以下に要約する。出席者は大家義胤／片山豊(日産)、神之村邦夫(トヨタ)、吉城肇蔚(自動車技術会)、宮本晃男(運輸省)であった。(『自動車技術』No.12、1958年)

ファンベルトは頻繁に切れたようだ。外国車の外れたファンベルトもよく道に落ちていた。神之村によれば「日本製の部品も大変よくなってきた。たとえばエンジンがよくなってくると、それに付属するプラグなどもよくなってくるが、ファンベルトだけが付いてこない」

片山は「普通の使い方では分からないが、過酷な使い方をすると弱点として明らかになってしまうアキレス腱のようなものだ」という。

バッテリーはダットサンが古河製、クラウンがGS、日本電気、神戸電機製だったが、全く問題なかった。クラウンのものは、1ヵ月の船旅を経た後でも、すぐにエンジンがかかり、そのままラリーにでたという。点火プラグとコイル、ワイヤーハーネスも特に問題は生じなかった。

ランプについては、国情の違いから問題があった。

神之村は前年の経験から、非常に遠くまで焦点が合って、散乱しないロングビームのランプをメーカーに製作してもらったが、光が散乱してしまって現地では全然使えない。重量も重く、結局現地調達となった。日本には10km以上の直線路を高速で走るところはないので、そのようなランプは必要なかったのである。

クラウンの場合、前年の不具合は市販車にも反映され、その点で豪州一周ラリーは日本車のテストコースとしても好適であった。当時、日本には本格的な高速連続走行ができるテストコースがまだなかったのである。

外国車に対して国産車に欠けている点は、やはりパワーであった。それに引き換え、重量は大きかったので、馬力当たり重量は神之村によれば、1500→2250ccくらいにしないと、外国車には対抗できないという意見であった。

これに対して、吉城は次のように異論を唱えた。「排気量を大きくすれば、いろんなところが重くなってくる、その繰り返しだ。ボデーが重くて、パワーが足りないから、エンジンはフル回転になる。日本の車はど

帰国した小西・西本・
清水・神之村(左から)
(1958.9.11)

帰国後の記者会見(西本・
清水・小西・神之村)

日本に帰国した⑱神之村車

れも騒音がひどい。だから排気量を上げるのではなく、世界レベルまでボデーを軽くする限界設計をすべきだ」

ダットサンの大家は結局のところ、妥協点を見出すしかないと応える。神之村は「日本車は、現在の国情には合っている。道路がよくなれば、車は軽くできる。それとは別に、ラリーのような車の使い方をもっと勉強すべきだ。その点、日本は大変遅れている。オーストラリアでは、子供でも車のことを知っている」と述べる。彼らは現地で子供たちに、ラリー車の燃費やサスペンションの形式を聞かれて驚いたのであった。

片山は外国の選手たちが気軽にラリーに出場してくるのに、日本の選手たちが日本中の期待というプレッシャーを背負わされて、派遣されたことに同情した。

吉城は、楽隊やら花火やらで大げさに送り出すことが間違いなのだと鋭く指摘した。

豪州一周ラリー後のトヨタと日産

その後、トヨタが国際ラリーのシーンに再び登場するのは、第2回日本グランプリ(1964年)の直後、1964年6月にオーストラリアで開催されたアンポール・トライアル(Ampol Trial)である。

第1回日本グランプリ(1963年)の後、オーストラリアでティアラ(コロナ)の組立てを行なっていたAMI (Australian Motor Industries, Inc.)から、ティアラを使って、かつての豪州一周ラリーのイメージを踏襲したアンポール・トライアルに出場したいとの要請が、自販を通して伝えられた。これに対して自工側はクラウン(RS40)を推奨し、4台のクラウンが出場、全車

ダットサン・ブルーバード
1963年、ブルーバード2台とセドリック2台のラリー車を送り、東アフリカ・サファリ・ラリーに参戦した。(『栄光への5000キロ』より転載)

7,000マイル(11,200km)を完走した。クラウンは参加車148台中、G. ラッセル、R. バーンズ組が総合29位、クラス11位、海外参加1位であった。日本から参加した細谷四方洋・寺尾正晴組は66位となった。

このイベントには、日本から河野二郎をリーダーに、高木英匡、松本闊、八木五州彦、白井義一、杉山利勝、高橋敏之らの技術員、メカニックが派遣された。

一方、日産は1963年までは、直接レース・ラリーに参加することはなかったが、ダットサンで国際的なレース・ラリーに参加するユーザーが日増しに増加し、1961年のオーストラリア・エコノミーラン、1962年のラスベガス・スポーツカーレース、同年の南アフリカ・トタル・ラリーなどで個人参加のダットサンが優勝した。日産は1963年から再びラリーに参加する方針を決定し、第11回東アフリカ・サファリ・ラリーに初出場。結果は失格であったが、将来の開発に資する多くの貴重なデータを得る成果を挙げ、これを機会に生産車の高性能化を進めた。そして直接参加のモンテカルロ・ラリーとサファリ・ラリーで優れた成績を収め、その後の「ラリーの日産」を築いていくことになる。

すなわち、「豪州一周ラリー」は、両社にとって、以後の活動の「源流」ともいうべき、イベントだったのである。

「PR時代と自動車──1957年豪州ラリーのパブリシティ」

『CAR GRAPHIC』誌の1971年7月号に「自動車望見──自動車に見る戦後史(XV)」として、興味深い記事が掲載されているので、引用して紹介する。

筆者は社会学者の山本明(当時、同志社大学文学部助教授)。

> PRやパブリシティの考え方が日本に入ってきたのは、1955年前後であった。その直後に、トヨタによって、大規模なPR活動が行なわれた。1957年8月から9月にかけての、オーストラリア一周ラリーへのクラウンの参加である。
> トヨタはこのラリー参加に極めて強い熱意を示した。前年のロンドン-東京5万キロドライブの時は、朝日新聞が立てたこの企画に当初は消極的であったが、朝日新

間へのクラウンの露出の多さに気をよくし、「PRとはこれだ！」とトヨタは覚ったに違いない。

ラリーへの参加を決意したトヨタは、この行事をトヨタの国内PRに利用しようとした。

まず、8月1日、近藤・神之村両選手の出発を祝って、花自動車を先頭に、オープンカーに両選手を乗せ、10台のクラウンを連ねてのパレードを都内および横浜で5時間にわたって行なった。報道機関には、レースの説明資料が大量に配られた。

こうしたパブリシティを行ないながら、トヨタはニュース提供サービスを、日本の自動車会社では初めて行なった。

8月16日、トヨタとスタンダード石油は次のような「お知らせ」を報道機関に配布した。

「この国産自動車が海外自動車レースに出場するについては、外国の有力会社が行ないますように、報道関係にご協力を申し上げたく、下記関係両社とも通信の傍受その他ニュースの取材に万端の準備を調えております。19日間、日々の情報を逐一お知らせ申し上げますが、お急ぎの節は、ご連絡ください。

しかし、連日何分にも道なき道の荒野を疾走するレースであり、19日間の間には、通信の途絶えることも往々あるかと思われますが、この点ご芳諒いただきたく、両社とも及ばずながら、できる限りの手段を尽くして皆様にご協力申し上げたいと存じます。

　　　トヨタ自動車株式会社販売拡張部
　　　スタンダード・ヴァキューム石油会社営業部」

こうしたシステマティックな情報提供は、今でこそ当たり前だが、当時としては大変珍しいものであった。

しかし、新聞の表現とトヨタのパブリシティ（ニュースリリース）とでは、同じことを報じていても、終始、新聞は悲観的で、パブリシティは楽観的な表現だった。日本の新聞は「優勝」だけに関心を抱いているようで、新聞の記事担当者はこのレースに関して、ほとんど知識を持っていないことを物語っていた。

クラウンが、ともかく完走して、しかも外国賞で第2位（実際は第3位／筆者注）になったことは、自動車関係者にとっては、大きなショックであった。

パブリシティが報じたように「日本選手は……ただ競技に参加しオーストラリア人に車の性能を示したかったのだ」という意味では大成功だった。トヨタ自販の川本常務（正しくは川本節雄取締役販売拡張部長と思われる／筆者注）が「出発時から願っていたことは、何とか落伍せずに最後まで走ってくれることだった。幸い、ドライバーたちにも、車両にも欠陥がなく、ロンドン－東京5万キロドライブに次いで、第2回目の大テストに合格し、日豪親善の大役を果たしてくれたことは喜ばしい」と述べたことは、負け惜しみというより、本音だったろう。

ところが、完走に意義があるということが、パブリシティでは、十分にされなかった。そのために「出場したからには、優勝を」という考えが、報道機関の側に根強くしみ込んでおり、それがこの「失格」を表面に出すということ（悲観的な表現／筆者注）になってしまったのであろう。

ともあれ、トヨタが報道機関に対して、パブリシティ戦略を繰り広げたことは、それが不十分であったとはいえ、自動車業界にとっては、大きな出来事であった。

オーストラリアへのトヨタの参加は、自動車関係者にショックを与え、一般新聞にも「トヨペット」と書いてもらったのを横目に見て、切歯扼腕したのが日産であった。翌年のラリーには、日産はダットサン2台を出場させ、2台とも完走、1台はAクラス優勝を勝ち取ったのであった。

日産は早速、「Aクラスで優勝、ダットサン」と表紙に大きく刷り込んだリーフレットを作成して配布した。この文中に「日本から参加したダットサン以外の3台はレースの途中でダメになり、止めてしまいました。昔から小型車の愛称として皆様に親しまれているダットサンは世界一の小型車として、その真価を実際に示したのです」と高らかに謳いあげたのであった。

ともあれ、1957年、1958年のオーストラリア・ラリーへのトヨタ・日産の参加は、PRやパブリシティについての目を開かせた。週刊誌やテレビブーム以前のこの時代のPR・パブリシティとしては本格的なものであったといえよう。そして、この経験に基づいて、その後、1963年の日本グランプリ・キャンペーンや、各種海外ラリーへの参加をめぐる立体キャンペーンが展開されるのである。（『CAR GRAPHIC』1971年7月号）

注・第2章

注1　ロンドン-東京5万キロドライブ

1956(昭和31)年4月30日、朝日新聞社の辻豊記者と土崎一カメラマンが、ロンドンからの帰国に当たって、トヨペット・クラウン・デラックスでロンドンを出発。これは「ロンドン－東京5万キロドライブ」と銘打った同社の企画で、国産乗用車によるロンドン～東京の走行状況を伝える連載記事として、評判となった。クラウンは、山岳路や砂漠の厳しい道路事情に悪戦苦闘しながら、同年12月29日に東京に到着した。国産車の真価を世に知らせ、将来、トヨタ車が海外で活躍する姿を想像させるものであった。

なお、このクラウンの改造と彼らの運転指導にあたったのは、翌1957年豪州一周ラリーに派遣される神之村邦夫である。

注2　「ラリー」という用語の定着

Rallyという語はもともと「再び集まる」という意味であり、1911年開催のモンテカルロ・ラリーに端を発する。それまでの都市間レースもその実態からいえば、現在のラリーというべきものであったが、新たな構想の下にラリーが分化、独立していった。

「第5回豪州一周ラリー」が開催された1957年当時、ラリーという言葉は、日本では一般にはあまり知られていなかった。

上野健(当時の神奈川トヨタ会長)による次の記事が当時のラリーに対する一般の認識をよく物語っている。

「私自身もラリーの意味はあまり詳しくないので、豪州から帰ってきた近藤、神之村両選手の歓迎会が開かれたとき、居合わせたトヨタ自販輸出部長の中江温常務にラリーのことを尋ねてみたら、『実は、僕もあまり詳しくないんだ。なんでも大勢人が集まってワイワイ騒ぐことらしいよ』という返事であった。そこで英語の達者な中江常務が知らんようでは、ひとつ鼻を明かせてやろうと思って、その夜自宅に帰ってから英和辞典を調べてみると『集める、盛り返す、気力を回復する』とあり、次の行には『ひやかす、からかう』とも書いてある。これを知った私は成程と思ったことである。スタンダード石油会社が多くの人や車を豪州に集めて、これに参加した日本人選手も途中から劣勢を盛り返したり、或いはまた日本婦人からおにぎりをもらって気力を回復したりしている。その上、カンガルーや蟻の塔にはからかわれ、悩まされていたということだから、辞典の説明はまさにぴったりする」(『モーターエイジ』1957年10月号)

このように、確かに当時はラリーという言葉はあまり一般的ではなかったが、使用例はある。

1954年1月号の『スピードライフ』で、松林清風が「JAAメープル・ラリー」(1953年10月24日、25日開催)の解説をしており、メープル・ラリーを「日本人主催の初のラリーとして大成功裡に挙行された」と述べている。また、1957年4月号の『モーターマガジン』誌の「"ラリー"を楽しもう」というラリー紹介記事の中で松林は次のように述べている。

「ラリー(RALLY)と呼ばれる自動車競技もジムカーナとともに、モーターファンにとっては大変なじみ深い名前である。モンテカルロ・ラリーを引き合いに出すまでもなく、我国でも例のSCCJ(日本スポーツカークラブ)やTSCC(東京スポーツカークラブ)を始め、学生自動車連盟でも機会あるごとに相集い、愛車を駆ってこのラリーを心から楽しんでいるが、欧米のようにオーナードライバーのクラブが活発でない我国の自動車界では、前記の一部モートリストを除いて、残念ながらまだラリーの普及は十分ではない」

1957年当時の新聞等では、はじめの頃「ラリー」ではなく「ラレー」という表記が用いられることも多く、双方が混在していたが、間もなく「ラリー」に収斂していった。『日刊自動車新聞』は、9月下旬までは「ラレー」が主体であり、9月上旬から「ラリー」が混在してくる。

トヨタ自工の社内報『トヨタ新聞』も9月初めまでは「ラレー」だったが、9月下旬以降は「ラリー」に変わっている。一方、トヨタ自販のプレスリリースは当初(1957年8月半ば)から、「ラリー」で統一されている。

また、「レース」という表記もかなり使われており、「ラリー」という言葉があまり一般的でなかった当時は、「競走」＝「レース」の方がしっくりきたのであろう。「ラリー」という表記を最初から採っているトヨタ自販のプレスリリースでさえ、タイトルは「ラリー」と表記しても、本文中では「豪州一周国際自動車レース」という表現を頻繁に用いている。販促資料も「国際レースとトヨペット」のように「レース」と称している。その他、新聞、雑誌でもこの傾向は見受けられる。

以上は、「ラリー」というモータースポーツ用語が一般に認知され始めた頃の過渡的現象であったと思われる。以後、翌1958年の「日本一周読売ラリー」でも「ラリー」表記が踏襲され、定着した。

注３　「豪州一周ラリー報告書」(『オール・トヨタ』1957.11.14)　表記は極力原文のままとした。

豪州一周ラリー報告書
サービス部技術課
近藤幸次郎

Ⅰ　緒言

　1957年度豪州一周ラリーに当社より参加いたしました概況を次の通り報告します。但しラリーの状況は既に種々報道されていますので省略し、主に車輌の状況を報告します。

Ⅱ

1．主催者名称　オーストラリヤ・スタンダード・バキューム・オイル会社
2．名称　ラウンド・オーストラリヤ・モービルガス・ラリー
3．開催日時　自　昭和32年8月21日　至　昭和32年9月8日
4．行程　10,563哩(16,998粁)メルボルンを起点とし、西周りに豪州を一周し、メルボルンに帰着す。

Ⅲ

1．出場車　1957年型新車　トヨペット・クラウン・デラックス(RSD)　エンジン番号　7RS41157　フレーム番号　R　108998
2．搭乗者　Mr. Lensden (Lindsayの誤記／筆者注) Hedley　神之村邦夫(東京トヨペット)　近藤幸次郎(トヨタ自販)

Ⅳ　車体改造個所、携帯品

1．改造内容
　(1) シート　もたれを倒し室内で寝られるようになっている。
　(2) ガソリン・タンク増設　トランク内に90ℓ、右床下に25ℓのスペヤータンクを夫々1個増設
　(3) 引出式机　助手席前のダッシュ板に設置
　(4) ポケット増設　左右ドアーに設置
　(5) シート・カバー　天井、ドアー、シートにビニールカバーをし、防塵す
　(6) マット　室内に白ピラミット(ピラミッド)・マットを使用
　(7) 消火器　左側のサイレンサー・ボードに設置
　(8) 水槽　右客室床上に設置
　(9) 格納箱　リヤー・シート下にパーツ及び工具の格納箱を新設
　(10) 安全ベルト取付
　(11) ロング・ビーム2個取付
　(12) ランプ・プロテクター用網を取付

2．携帯品
　(1) ロープ　50フィート・ナイロンザック
　(2) 磁石
　(3) 懐中電灯
　(4) シャベル
　(5) 布バケツ
　(6) ウインチ
　(7) グランド・シート
　(8) 毛布
　(9) スリーピング・バッグ
　(10) 医薬品
　(11) 魔法瓶
　(12) 望遠鏡
　(13) 温度計
　(14) 手斧
　(15) ノコギリ
　(16) マップ・ケース
　(17) 携帯食料(乾飯、梅乾)
　(18) 水筒
　(19) ユニホーム(各人1着)

3．携帯工具
　(1) スタンダード工具　1 set
　(2) タイヤーレバー　2
　(3) バンパー・ジャッキ　2
　(4) タイヤー・プレッシャー・ゲージ　1
　(5) ボックス・レンチ　1 set
　(6) フット・ポンプ　1
　(7) タガネ真鍮棒
　(8) コンベックス

V
1．通過地及び走行日時

　　8月21日14時　　　メルボルン発
　　　22日22時　　　　アデレード着
　　　23日9時　　　　 アデレード発
　　　23日21時15分　　セデューナ(セドゥナ)着
　　　24日7時20分　　 セデューナ(セドゥナ)発
　　　25日2時12分　　 イスピランス着
　　　25日12時58分　　イスピランス発
　　　26日23時55分　　パース着
　　　27日13時53分　　パース発
　　　28日8時25分　　 キャナーバン着
　　　28日18時59分　　キャナーバン発
　　　29日19時15分　　ダービー着
　　　30日11時14分　　ダービー発
　　　31日24時　　　　ダーウィン着
　　9月2日0時29分　　ダーウィン発
　　　3日1時3分　　　マウントアイザ着
　　　3日9時41分　　 マウントアイザ発
　　　4日7時57分　　 ロックハンプトン着
　　　4日18時44分　　ロックハンプトン発
　　　5日12時10分　　ブリスバンド(ブリスベン)着
　　　5日19時20分　　ブリスバンド(ブリスベン)発
　　　6日19時12分　　シドニー着
　　　7日11時48分　　シドニー発
　　　8日18時　　　　メルボルン着

VI　故障状況

1．ラジオ

アデレード付近約1,000哩走行後使用不能。車体の振動により内部に故障を起こしたものと思われる。

2．3番インテーク・バルブ・ステム折損

アルバニーの手前約25哩の所で故障。約3,100哩走行。メルボルン出発以来、道路もよく、殆ど時速60〜70哩で走行した。故障した時はアスファルト道路上を60mile/h位のスピードで走行中、エンジンに異音発生、直ちに停止。シリンダー・ヘッド分解後、Mr. H. Hedleyにアルバニー迄、使用し得るに差し支えない程度似ている部品を買いに行って頂き、之を修理す。完了して走行を継行する迄に要した時間は約4時間。

3．フォグランプ・ブラケット折損　フォグ・ランプ破損

約2,500哩走行後車体振動の為ブラケット折損、同時にランプ破損。

4．左ヘッドランプ破損

セデューナ(セドゥナ)付近。夜間走行中ライトに向かってカンガルーが飛び込み、カンガルーに衝突、ライト破損。

5．左側ドアー・フェンダー損傷

ダービー付近。蟻の塔が一面にあり、これらの間を縫っている道路上でスリップ、蟻の塔に衝突。

6．バンパー脱落

ダーウィン付近約5,500哩走行後振動の為、第一クロスメンバーの熔接部より亀裂が入り、脱落。

7．右フェンダー変形

ダービーとダーウィンの間。夜間走行中、野牛が飛び込み、右フェンダーに衝突、右フェンダーを変形し、右ヘッドランプの照(焦)点を狂わす。

8．タイヤー2本亀裂

ダービーとダーウィンの間。岩石道路過行中。

9．オイルパン変形、タイロッド変形

ダーウィンの手前約300哩の付近。岩石道路で岩に当たり上記部品変形す。オイルパンは使用に差し支えなく、そのまま使用す。タイロッドを外し修正して続行、約1時間を費やす。

10．デスク・ホイール4本変形

リムの部分が岩に当たり変形、ダービーとダーウィンの間の道路は砂漠、クリーク、岩道の連続で道らしい道は全くなく、主にこの間で故障は続出した。メルボルンよりダービー迄は約5,000哩、ダーウィン迄は約6,000哩。

11．ロングビーム(4個)破損

ダーウィン付近。追越の時に相手がはねとばす小石で破損、振動によりブラケットと共に脱落して破損。

12．ダイナモブラケット破損。オーバーランニングクラッチ不良、ダイナモ・メーンブラシ摩磨(摩耗)。ベルト破損。

ロックハンプトンとブリスバンド(ブリスベン)の間で故障、約8,000哩走行。ダイナモ・メーン・ブラシは砂漠通過時砂が入り、摩耗を早めたものと思われる。

13. タイヤー4本摩耗(トレッドなし)
ダーウィンで不良タイヤーを新品に交換したが、シドニーとメルボルンの間、ノーズマウントの峠を走行する事が出来なくなり、リヤーのみスペヤータイヤーと交換す。ダーウィンより約4,000哩走行す。

以上全行程中に発生した故障状況を列記しましたが、夜間走行中、且つ悪路走行中に殆ど起こしました。
又ダービーとダーウィンの間約1,100哩の道路では故障車続出し約10台が落伍しました。

Ⅶ 所感
モービルガス・ラリーに初めて参加するに当たり道路状況、気候風土等を地図や前年度の記録を参考資料とし、予め装備を整えて渡濠し、参加者・経験者の言を参考にし、補足して上記の如く携帯品・装備を決定しました。

馬力の割には重量が重いためか、登坂時、カーブ等では平均速度が落ちるので携帯品はなるべく少なくする必要があり、又携行品は車に作りつけにし、車体の振動により動き出さないようにする必要があると思います。給油、修理、調整は一切走行中に行わなければならぬので、「僅かの不調でも発見した時やオイル交換、給油等」は時間の許す限り早めに行うことが望ましい。

夜間走行中には故障は多く、又道も迷い易い。又夜間走行する事が多いので搭乗者のトレーニングには之を主にし、又ロードマップを見易いようにする設備が必要であると思いました。

故障の中、インテークバルブの折損は不運という外なく、その他の故障につきましては運転不手際、野獣によるもの等で、車の堅牢さに於いては外車に比較して遜色はありませんでした。　　　　　　　　　　　　　　　　以上

注4 「出走台数」について

順位の錯綜に加えて、出走台数についても下記のように、多くの混乱が見られる。

① 『日刊自動車新聞』(1957年8月21日):「90余台の参加車が出発する」
② 自販プレスリリースA-43(1957年8月22日):「(前日8.21)発走の出場車102台、内6台棄権」(ただし、明示してある内訳の数字合計と合致しない)
③ 「新聞記事」(1957年9月1日　ロイター電):「スタート時の90台のうち……」
④ 「新聞記事」(1957年9月1日):「約90台の……」、「スタート時の90台のうち……」
⑤ 『日刊自動車新聞』(1957年9月2日):「102台の参加車のうち既に37台が失格……」
⑥ 『日刊自動車新聞』(1957年9月10日):「参加車は94台であったが……」
⑦ 自販プレスリリースA-81(1957年9月17日):「完走車52台、失格車41台、棄権9台　計102台」(ただし、この結果は「成績順位の錯綜」に述べたように、間違い・矛盾があまりに多く、信頼性に乏しい)
⑧ 『トヨタ新聞』(1957年9月22日):「参加車両102台を集めて……」、「参加94台、完走50台の中の第45位」
⑨ 『ダンロップニュース』(1958年1号／取材日1957年10月1日):「完走車52台中、第47位。海外から参加車11台中第3位」
⑩ 自販販促資料『国際レースとトヨペット』(1957年10月頃?):総数102台(完走52、リタイヤ41、棄権9)
⑪ 『日刊自動車新聞』(1957年10月6日)「全参加車両94台中総合45位、外国参加2位……」。
⑫ 『週刊女性』(1957年10月20日号):「参加96台のうち、完走したのは53台だけ。トヨペットは45位」
⑬ 『週刊東京』(1957年10月26日号):「日本車奮戦　豪州の耐久レースに出たトヨペット」と題した特集記事で、「8カ国102台の新鋭車が参加……トヨペット・クラウン・デラックスは45位を獲得……」。さらに同誌の近藤・神之村の手記「現代の冒険　一万哩の自動車マラソン」には「無事に到着した車は96台のうち52台、われわれは45位だった」
⑭ 『朝日新聞(宮崎版)』(1957年11月16日):近藤の言として「8カ国11種の車102台が参加、51台が落後、52台がゴールイン、私は47位。外国車の部で3位」。
⑮ 『中学生の友』(1957年11月号か?):「参加車102台中、完走52台、トヨペットは47位」
⑯ 『Olympus Photography 1957年　No.12』:近藤の寄稿文「102台の参加車……走り通したのは52台……」
⑰ 「自動車でオーストラリア大陸を一周」(出典は不明):「参加車ははじめ102台……出発前に棄権した車があり、結局94台がメルボルンをスタート……トヨペットは総合で45位、外国車で2位……」

以上のように、各資料で、数字がかなり食い違っているが、主催者の下記公式結果が、第１次資料としてもっとも信頼がおけると思われる。

　下記の「第５回豪州一周ラリー公式記録」、1957年９月12日付の"1957 MOBILGAS RALLY (ROUND AUSTRALIA) Official Placings and Points Lost"によると、"Place No."（順位）が表記されている車（完走車）は52台、"ENTRANTS NOT COMPLETELY FINISHING COURSE"（リタイア車）は34台である。したがって、<u>出走車は52＋34＝86台</u>ということになる。ちなみにこの競技結果リストにはすべての車両の車番、車名、各コントロールポイントでの減点累計、撤退（withdrawal）地名が明記されている。

　結論を言えば、「エントリー数102台、出走86台、うち完走52台、リタイア34台」が正しいと思われる。

　ちなみに、主催者制作の記録映画（30分）でも、「86台がスタート」と明言している。

「第５回豪州一周ラリー公式記録」（p.110～113）

注５　クラウンとダットサンの改造内容
『新神谷傳』には、次のように記されている。（現代の表記に変更）

【クラウン】
① 米国製コンパス
② マイル表示のスピードメーター。補助スピードメーター、エンジン回転計
③ 外部用スポットライト
④ ウィンドウウォッシャー
⑤ マップケース
⑥ ３段式リクライニング（助手席）
⑦ 腰、肩用シートベルト
⑧ 100ℓ補助燃料タンク（切り替えコック付）
⑨ 地図照明用自在式スポットライト
⑩ 大型補助前照灯
⑪ 前照灯、ラジエーターに防護網
⑫ 主燃料タンクにプロテクター
⑬ カンガルーよけ高音の警音器
⑭ 室内用バックミラー（運転席・助手席）
⑮ フェンダー埋め込み式アンテナ
⑯ 後輪に泥除け
⑰ ドアウィンドウハンドル修正（危険防止）
⑱ 助手席ダッシュに物入れ

【ダットサン】
① フォグランプ、バックランプ追加。ライトとグリル前面にプロテクター。
② ウインドシールドの虫除け
③ ウインドウォッシャー
④ マイル表示のスピードメーター
⑤ 地図照明用自在式スポットライト
⑥ 運転席に外光よけカーテン
⑦ ラジオ・ヒーター・コンパス
⑧ リクライニング助手席
⑨ 室内に荷物用フック多数
⑩ 腰、肩用シートベルト
⑪ 500マイル以上走行可能なスペアタンク３個（切り替えコック付）
⑫ ２段式サンバイザー
⑬ ルームランプ２個、地図入れ
⑭ 飲料水用タンク
⑮ 点検灯コンセント

注6　第6回豪州一周ラリー日程

ラリー中は、時差の関係で、すべてシドニータイム（東部標準時間）でコントロールされた。時刻は先頭車両に対するもの。

日	場所	到着	出発	休息
8/20	Sydney	-	10:00	
20	Wagga	22:00	23:00	1時間、食事
21	Melbourne	9:00	19:30	10.5時間
22	Mildura	8:00	9:00	1時間、食事
22	Adelaide	15:30		11時間
23	Adelaide		23:30	
	Port Pirie	6:50	9:20	食事、車両整備
	Ceduna	17:50		
24	Ceduna		4:30	11時間
	Kalgoorlie	23:00		
25	Kalgoorlie		0:30	1時間、食事
	Perth	11:40		
26	Perth		9:40	22時間
	Nedlands	9:50	20:20	車両整備
	Geraldton	21:30	22:30	1時間、食事
27	Carnarvon	4:20	16:20	1時間、食事
28	Port Headland	5:40	6:20	1時間、食事
	Derby	17:00		
29	Derby		9:00	16時間
30	Katherline	9:30	10:30	1時間、食事
	Darwin	16:00		
31	Darwin		21:45	約30時間
	Darwin	22:00	23:30	車両整備
9/1	Tennant Creek	13:40	14:40	1時間、食事
2	Longreach	21:00	14:40	1時間、食事
3	Charleville	5:20	17:20	12時間
4	Brisbane	5:30	18:00	車両整備
5	Tamworth	8:10	9:10	1時間、食事
	Sydney	16:50		
6	Sydney	20:40	0:00	16時間、車両整備
	Cooma		21:40	
7	Dandenong	10:30	13:00	2.5時間、食事
	Melbourne	14:30		（フィニッシュ）

「第5回豪州一周ラリー公式記録」(1957年)

1957 MOBILGAS RALLY (ROUND AUSTRALIA)

Official Placings and Points Lost.

Place No.	Car No.	Entrant	Crew	Make of Car	Points Lost.
1st	76	Laurie Whitehead (Vic.)	Laurie Whitehead / Kevin Young	Volkswagen	13
2nd	24	Jack Vaughan (Tas.)	S.J. Vaughan / Bob Lancet	Volkswagen	28
3rd	18	John Rogerson Hall (Vic.)	J.R. Hall / Col. Wilkinson	Volkswagen	36
4th	10	E.B. Perkins (Vic.)	E.B. Perkins / Les Perkins	Volkswagen	65
5th	50	Robert L. Foreman (Vic.)	R.L. Foreman / John A. McDougall	Volkswagen	77
6th	52	Greg. Cusack (A.C.T.)	Greg Cusack / Pat. Lawless	Volkswagen	90
7th	43	Mrs. "Geordie" Anderson (Qld.)	Mrs. "Geordie" Anderson / J.A. Abercromby / Bill Pitt	Jaguar	172
8th	97	Adolf J. Thiel (S.A.)	A.J. Thiel / Mick Kimpton	Standard Vanguard	187
9th	8	A. Douglas Hughes	A. Douglas Hughes / Ken Limbrick / Ken Harper	Standard Vanguard	199
10th	102	Lance Fiebig and Brian Holness (S.A.)	Lance Fiebig / B.W. Holness	Holden	209
11th	64	Phillip Stanley Darby (S.A.)	P.S. Darby / Ted Townsend	Volkswagen	215
12th	12	Coles 250 Stores Throughout Australia (Vic.)	Dave Anderson / Jack Gillard Kelley / Lawrence Wilton McAlister	Holden	223
13th	62	Doug. Whiteford (Vic.)	Doug. Whiteford / H. Russel	Peugeot	227
14th	72	Portland's Leading Traders (Vic.)	Geoffrey Noel Ackerman / Roy H. Petrie	Volkswagen	231
15th	35	Stanley C. McClashan (Vic.)	S.G. McLashan / P.J. O'Sullivan	Volkswagen	240
16th	1	Westco Motors (Qld.)	K.J. Anderson / M.R. McFadyen	Simca	263
17th	60	Diamond & Roberts (S.A.)	Ronald C. Diamond / R.W. Downes / L.M. McPherson	Holden	302
18th	3	H. Harvey Gunn and C.C. Lyons (Vic.)	H. Harvey Gunn / C.C. Lyons	Holden	322
19th	98	H.C. Heathorne & Co. Ltd. (Tas.)	Don Elliott / R.J. (Mick) Watt	Morris 1000	328
20th	55	George Winton (Vic.)	George Winton / Mal Eastmond	Volkswagen	336
21st	22	Alma and Gerald McMillan (N.Z.)	Gerald McMillan / Mrs. Alma McMillan	Volkswagen	383
22nd	77	John Hay and Max Galt (Vic.)	John Hay / Max Galt	Simca	394
23rd	58	Claude Ruwolt (Vic.)	Claude Ruwolt / Louise Ruwolt	Peugeot 403	448
24th	101	T.S.L. Archer (Vic.)	T.S.L. Archer / Don Dunoon	Volkswagen	472
25th	5	William F.S. Lindner and L. Boles (N.S.W.)	W.F.S. Lindner / L. Boles	Volkswagen	492
26th	73	Harry Smith (W.A.)	H.R. Smith / Peter Staines	Volkswagen	504
27th	93	Dr.Ing.h.c.F. Porsche K.G. (Germany)	Tom Jackson / David McKay	Porsche	539
28th	26	Claridge Motors Ltd. (S.A.)	F.G. Claridge / L.G. Claridge / Max Steer	Holden	561
29th	41	Malcolm McPherson Jnr. (Vic.)	M. McPherson Jnr. / Robert John Stevens	Volkswagen	602
30th	68	Claude R. Turner (C.R. Turner Motors) (Vic.)	Claude R. Turner / R. Holden	Hillman	618

Official Placings

Place No.	Car No.	Entrant	Crew	Make of Car	Points Lost
31st	44	Hasthorpe Bros. (Vic.)	A.G. Hasthorpe J.W. Hasthorpe B.H. Pentland	Holden	685
32nd	16	Frank Bradshaw, G.G. Fortune and S. Armstrong (W.A.)	Frank Bradshaw G.G. Fortune S. Armstrong	Holden	695
33rd	75	J. Keith Gamble (Vic.)	J.K. Gamble Lorna Gamble	Volkswagen	719
34th	31	Harry Ronald Krieg (S.A.)	H.R. Kreig K.E. Moore A.E. Calnan	Holden	792
35th	48	Federal Woollen Mills Ltd. (Vic.)	J.R. Keddie A.H. Smith Robert A. Riley	Ford Customline	865
36th	79	R. Leech and G. Vincent (Port Phillip Motors) (Vic.)	R. Leech G.A. Vincent	Holden	924
37th	32	Eric Anderson Radio-Television Pty.Ltd., (N.S.W.)	Peter Anderson Terence Allen	Holden	960
38th	63	Henry Leslie Firth	H.L. Firth M.H. Monk	Standard Vanguard	1018
39th	40	Keith Holden, Alan Sharpley, Brian McNamara (Vic.)	Keith Holden Brian McNamara Alan Sharpley	Ford Zephyr	1081
40th	21	William Hurley (Vic.)	William Hurley J. Place	Volkswagen	1140
41st	7	Zupp's Motors (Qld)	Evan Thomas Garth Llewellyn	Volkswagen	1168
42nd	38	Brifield Service Station (Vic.)	Alan L. Jack R.J. Burns	Simca	1183
43rd	37	Lawrence Ernest Howes and James Selwyn Davenport (W.A.)	L.E. Howes J.S. Davenport	Volkswagen	1190
44th	53	Keith E. Jones, N.K. Wise, Max Duncan (Qld)	Keith E. Jones N.K. Wise Max Duncan	Holden	1204
45th	30	George Neal Horner (Vic.)	G.N. Horner Robert Mills	Ford Customline	1290
46th	67	Agence Alma (Ed.Pentecost) Noumea, New Caledonia	J.P. Leyraud A. Jacquet Phil Irving	Citroen Goddess	1493
47th	100	Toyota Motor Sales Co. Ltd. (Japan)	Kunio Kaminomura Kojiro Kondo Lindsay Hedley	Toyopet Crown Deluxe	1515
48th	17	Noel Dickson (N.Z.)	Noel Dickson John Chapman	Ford Anglia	1712
49th	2	Clifford Charles Scott (Vic.)	Clifford C. Scott Ronald Jones John Slade	Ford Custom	1902
50th	81	Associated Industrial Designers (Vic.)	George James Baird Mat. Walton	Ford Customline	1951
51st	80	Bruce Wilkinson and F.G. Townsing (Vic.)	Bruce Wilkinson F.G. Townsing	Austin A70	2595
52nd	88	Norma Harrison and Audry Millgate (NSW)	Norma Harrison Audry Millgate	Volkswagen	3943

Vacuum Oil Company Pty. Ltd.
TECHNICAL DEPARTMENT
AUTOMOTIVE ENGINEERING DIVISION

Engineering Memorandum

MOBILGAS RALLY (Round Australia) 1957

Official Placings and Withdrawals -
Points Lost - Progressive at Impound Areas.

- 5 -

SECTION 2 - ENTRANTS NOT COMPLETELY FINISHING COURSE.   (By Control Nos.)

Car No.	Entrant	(State)	Withdrawal Control (Control No.)		Points Lost to Withdrawal Control.
70	Smith, S.R.	Vic.	85.	SYDNEY	1700
14	Porsche, Dr. Ing.h.c.	Germany	70.	Tinana (Maryborough Qld)	833
74	Gainger Bros. (Hose)	Vic.	67.	Rockhampton	3319
86	Foale W.H.	W.A.	65.	Alpha	526
84	Greenway, C.A.	N.S.W.	65.	Alpha	702
28	Taylor, J.W.	S.A.	61.	Renner Springs	199
19	Surfers Car Sales (Johnson, Samels)	Qld.	60.	DARWIN	409
61	Smith C.G. & Thomas A.	N.S.W.	57.	Katherine	61
25	Motokov	Czech.	57.	Katherine	1156
94	Murphy S. & Reeve R.	Qld.	57.	Katherine	1380
99	Calvert D.M.	Vic.	56.	Top Springs	10
49	NSW Holden Dealers (Miller KE, & Cape)	N.S.W.	56.	Top Springs	13
82	Davidson, R & A.	Vic.	56.	Top Springs	235
6	Paige L.F.	Vic.	56.	Top Springs	408
42	Taylor, A.R.	Vic.	56.	Top Springs	532
56	Brown R. & Lycett A.	S.A.	56.	Top Springs	541
78	Dunk, F.B.	N.S.W.	55.	Derby	65
96	Yard H.L. & Liebeknecht J.L.	S.A.	55.	Derby	953
92	Clem Smith Motors	S.A.	54.	Broome	33
95	James C.W., Williams, & Young.	S.A.	54.	Broome	141
89	Porter R, Rolton R, & Hunt J.	Vic.	53.	Port Hedland	721
9	Porsche, Dr. Ing. h.c.	Germany	53.	Port Hedland	47
83	Vaanhold, J. ten	W.A.	49.	Morowa	311
54	Bailey H.K.	S.A.	46.	Caversham	449
33	Seymour, J.R.	Vic.	40.	Wagin	86
71	Millard, F.I.	N.S.W.	36.	Bridgetown	515
57	Fowler, Dr. F.N. & Carrington, J.B.	N.S.W.	35.	Northcliffe	548
45	Mason, Mrs. L.	N.S.W.	31.	Esperance	980
90	Allan, L.E.	Vic.	20.	Lobethal	553
20	Hargreaves, H. & Burton, G.	Vic.	13.	Horsham	46
66	Pratt, N.B. & Perry, M.J.	Qld.	10.	Mount Gambier	-
4	Frederick Industries (Kirwan, Richardson)	U.S.A.	5.	Geelong	5
36.	Coote, W.C.	W.A.	4.	Ballarat	14
47.	Amstel, R. van	Vic.	3.	Bendigo	196

JHP/ons.
12.9.57

Points Lost - Progressive at:-

Place No.	Car No.	Make of Car.	Adelaide	Ceduna	Esperance	Cottesloe	Carnarvon	Derby	Darwin	Mt. Isa	Rockhampton	Brisbane	Sydney	Melbourne finish	Pla No.
1	76	Volkswagen	1	1	1	1	1	1	1	7	9	9	13	1
2	24	Volkswagen	1	2	1	1	1	1	1	15	15	16	28	2
3	18	Volkswagen	1	1	1	3	3	6	6	15	15	15	36	3
4	10	Volkswagen	24	24	24	24	24	24	24	26	26	26	65	4
5	50	Volkswagen	-	-	-	-	-	-	-	11	11	11	77	5
6	52	Jaguar	13	13	13	13	13	68	72	72	72	72	90	6
7	43	Stan. Vanguard	4	13	4	4	4	17	20	98	100	100	172	7
8	97	Stan. Vanguard	-	-	38	38	38	69	73	150	150	150	187	8
9	8	Stan. Vanguard	-	1	38	38	38	48	48	71	81	81	199	9
10	102	Holden	-	1	34	34	34	119	125	167	169	169	209	10
11	64	Volkswagen	26	28	85	85	85	86	88	100	100	100	215	11
12	1	Holden	-	2	52	52	52	52	52	80	80	80	223	12
13	62	Peugeot	2	2	2	2	2	166	170	197	211	211	227	13
14	72	Volkswagen	85	86	86	93	103	103	110	141	150	151	231	14
15	35	Volkswagen	5	5	10	10	10	151	151	183	185	186	240	15
16	1	Simca	14	14	54	54	54	165	170	199	199	199	263	16
17	60	Holden	-	-	2	2	2	2	85	121	211	211	302	17
18	98	Holden	12	13	13	22	22	27	46	101	267	267	322	18
19	98	Morris 1000	16	16	16	37	37	37	77	154	192	192	327	19
20	55	Volkswagen	15	17	17	37	37	90	90	145	181	183	336	20
21	22	Volkswagen	28	28	28	94	94	94	195	223	223	233	382	21
22	77	Simca	1	1	1	12	19	19	35	183	203	234	394	22
23	58	Peugeot 403	10	49	49	118	188	188	370	190	338	338	448	23
24	101	Volkswagen	-	3	3	11	11	35	59	76	424	424	472	24
25	5	Volkswagen	104	104	104	145	145	145	239	273	316	350	492	25
26	73	Volkswagen	20	21	29	29	29	141	200	247	294	294	504	26
27	93	Porsche	56	56	56	96	96	267	269	282	325	325	539	27
28	26	Holden	-	1	1	27	27	77	90	358	398	478	561	28
29	41	Volkswagen	3	3	3	36	36	86	347	440	472	476	602	29
30	68	Hillman	35	35	35	106	106	106	281	281	316	350		
31	44	Holden	126	127	143	143	143	293	297	478	487	511	685	31
32	16	Holden	56	56	96	96	96	267	269	358	487	502	695	32
33	75	Volkswagen	-	-	77	77	77	159	159	447	560	591	719	33
34	31	Holden	34	34	56	86	86	105	143	222	401	429	792	34
35	48	Ford Cus'line	9	9	20	20	20	231	247	490	679	705	865	35

Mobilgas Rally 1952. Progressive Points Lost at Impounds.

OFFICIAL PLACINGS (contd)

Points Lost – Progressive, at:-

Place No.	Car No.	Make of Car	Adelaide	Ceduna	Esperance	Cottesloe/Perth	Carnarvon	Derby	Darwin	Mt. Isa	Rockhampton	Brisbane	Sydney	Melbourne Finish	Place No.
36	79	Holden	2	2	5	5	5	5			783	835	924		36
37	32	Holden	36	36	130	130	216	267		399	663	824	960		37
38	63	Stan. Vanguard	-	-	-	-	-	-		614	784	798	1018		38
39	40	Ford Zephyr	24	24	80	80	80	-		716	957	1002	1081		39
40	21	Volkswagen	131	140	146	217	217	412	528	665	804	818	1140		40
41	7	Volkswagen	856	964	964	1028	1038	1038	1043	1059	1063	1067	1168		41
42	38	Simca	6	6	6	43	43	43	105	109	434	870	940	1183	42
43	37	Volkswagen	169	173	173	224	225	225	513	513	682	882	951	1190	43
44	53	Holden	536	536	536	551	551	551	841	869	903	1013	1069	1204	44
45	30	Ford Cus'line	15	16	16	16	16	671	887	939	1108	1121	1183	1290	45
46	67	Citroen Godess	2	2	2	274	339	544	599	606	606			1493	46
47	100	Toyopet	74	78	78	274	679	680	986	986	1061	1170	1194	1515	47
48	17	Ford Anglia	532	547	547	714	714	806	934	951	1263	1416	1573	1712	48
49	2	Ford Custom.	14	15	15	312	312	477	1076	1080	1311	1609	1645	1902	49
50	81	Ford Cus'line	14	14	14	18	18	18	223	273	1132	1351	1371	1951	50
51	80	Austin A70	39	73	73	253	480	629	930	1159	1665	2083	2443	2595	51
52	88	Volkswagen	12	22	22	60	60	982	1873	1985	2765	3050	3165	3943	52

CARS STARTED BUT DID NOT FINISH (34.)

Points Lost – Progressive -- at Impound Areas, and
Points Lost at Control where car withdrew.

See Page 3.

Mobilgas Rally 1952. Progressive Points Lost at Impounds.

Cars Started but did not Finish – (34)

Points Lost – Progressive -- at Impound Areas, and
Points Lost at Control where Car Withdrew.

Car No.	Make of Car	Adelaide	Ceduna	Esperance	Cottesloe/Perth	Carnarvon	Derby	Darwin	Mt. Isa	Rockhampton	Brisbane	Sydney	Melbourne	Withdrew at	Lost Pts.	Total Pts.
70	Volkswagen	544	545	545	602	625	931	1256	1279	1457	1543	1700		Sydney		1700
14	Porsche	2	2	2	2	2	114	137	833					Tinana		833
74	Austin A90	23	23	23	284	376	877	1783	2417					Rockham.		3319
86	Volkswagen	38	38	38	42	42	418							Alpha		526
84	Standard 10	15	15	15	15	15	103							Alpha		202
28	Austin A55	19	19	19	39	39	39	199						Renner S.		199
19	Ford Cus'line	11	11	11		64	80	409						Darwin		409
61	Peugeot				44	44	44							Kather.		61
25	Skoda 440	9	11	11	121	427	955							Kather.		1156
94	Fiat	53	54	54	92	92	1380							Kather.		1380
99	Renault	1	2		10	10	13							Top Sp.		10
49	Holden	-	-		12	13	13							Top Sp.		13
82	Peugeot	41	43	43	211	217	235							Top Sp.		235
6	Morris Isis	16	16	16	87	117	408							Top Sp.		408
42	Plymouth	155	155	155	186	186	532							Top Sp.		532
56	Volkswagen	132	137	138	219	219	541							Top Sp.		541
78	Holden	1	1	1	65	65								Derby		65
96	Peugeot	509	509	509	518	521	953							Derby		953
92	Volkswagen	13	14	14	33	33								Broome		33
95	Holden	35	36	114	141	141								Broome		141
89	Ford Pilot	12	15	15	594	721								Port. Hed.		722
9	Porsche	-	-	-	47	47								Port. Hed.		47
83	Stan. Vanguard	34	47	72	289									Morowa		311
54	Holden	125	214	224	408									Caversham		449
33	Ford Consul	30	31	31										Wagin		86
71	Fiat	512	512	512										Bridgetn.		515
57	Simca	547	548	548										Ntbcliffe		548
45	Holden	60	602											Esper.		980
90	Peugeot													Lobethal		553
20	Ren. Dauphine													Horsham		46
66	Austin A90													Mt. Gamb.		5
4	Ford Cus'line													Geelong		14
36	Ford Pilot													Ballarat		14
47	Chevrolet													Bendigo		196

参考文献・第2章

『オール・トヨタ』トヨタ自販（1957年7月13日～1958年10月6日）

『モーターエイジ』自動車週報社（1957年9月号、10月号、1958年8月号、10月号）

『モーターマガジン』モーターマガジン社（1957年9月号、11月号、1958年2月号～12月号）

『モーターファン』三栄書房（1957年11月号、1958年8月号～12月号）

『CAR GRAPHIC』二玄社（1971年7月号）

『The Motor』（1957年9月13日）

『The Autocar』（1957年9月20日、1958年9月19日）

『The Mobilgas Dealer』（Vol.10 No.4、No.6）Vacuum Oil Company PTY LTD.（1958年）

『自動車技術』（No.12）自動車技術会（1958年）

『Australian Classic Car』（No.139、No.140、No.148）（2005年）

『Old-timer』（No.82、83）八重洲出版（2005年）

『SUPER CG』（No.49）二玄社（2007年）

『トヨタ新聞』トヨタ自工（1957年7月12日～1958年8月22日）

『日刊自動車新聞』日刊自動車新聞社（1957年6月17日～10月8日）

『ダンロップ ニュース』日本ダンロップ護謨（1958年1月号）

『読売新聞』読売新聞社（1958年4月21日～7月2日）

『読売社報』（第74号）読売新聞社（1958年6月15日）

『LIGHT CAR』日産自動車（1958年8月号、11月号）

『ニッサングラフ』日産自動車（1958年11月号、12月号）

『CLUB LIFE』（vol.198、200）日産自動車（2002年、2003年）

「神之村邦夫写真アルバム（全4冊）」トヨタ博物館所蔵（1957年、1958年）

「近藤幸次郎資料」（1957年）

「小西明写真アルバム」（1958年）

東郷行泰・東郷美作子『ハンドルは生きている 豪州ラリー駆けある記』四季社（1959年）

大和通孝編『モータースポーツ百科』荒地出版社（1967年）

林弘子編『新神谷傳』ジャーナル・ビップ社（1979年）

GP企画センター編『サーキットの夢と栄光』グランプリ出版（1989年）

澁谷道尚編『日本アルペンラリーの足跡』湧水出版（1996年）

東郷行泰『アメリカに夢を売った男』ごま書房（1996年）

新井敏記『片山豊　黎明』角川書店（2002年）

『PUBLICITY――ご参考に』トヨタ自販（1957年8月～9月）

『国際レースとトヨペット』トヨタ自販（1957年）

『トヨタ自動車30年史』トヨタ自工（1967年）

『モータリゼーションとともに』トヨタ自販（1970年）

『トヨタ自工創立40年記念写真集』トヨタ自工（1978年）

『トヨタ自販30年史』トヨタ自販（1980年）

『トヨタ自動車50年史』トヨタ自動車（1987年）

『トヨタ自動車75年史』トヨタ自動車（2012年）

『日産自動車三十年史』日産自動車（1965年）

『日産自動車40年の歩み』日産自動車（1973年）

『日産自動車四十年史』日産自動車（1975年）

『日産自動車五十年史』日産自動車（1985年）

『日産自動車吉原工場50年史』日産自動車（1994年）

『日本自動車産業史』日本自動車工業会（1988年）

『JAF20年史』JAF出版社（1983年）

『TOYOTA Technical Review』（Vol.47　臨時増刊号　特集「モータースポーツ」）トヨタ自動車（1997年）

松本秀夫編著『限りない挑戦の足跡　トヨタモータースポーツ史　第1巻』トヨタ自動車（2008年）

同『トヨタモータースポーツ史　取材録』（非公開）トヨタ自動車（2008年）

松本秀夫「トヨタモータースポーツ事始め」『東北大学機械系同窓会誌』（第12号　2008年）

『トヨタ博物館紀要』（No.6）トヨタ自動車（2000年）

『トヨタ博物館紀要』（No.7）トヨタ自動車（2001年）

『トヨタ博物館紀要』（No.8）トヨタ自動車（2002年）

『トヨタ博物館だより』（No.47、48）トヨタ自動車（2002年）

第3章

中日ラリー

日本国内でも1960年頃
大規模なラリーが開催され始めた
鈴鹿サーキットは未だ誕生していない

中日新聞本社前をスタートする参加車（第1回中日ラリー1960年6月）
© 中日新聞社
小雨の中、初日のゴール箱根湯本のレストコントロールを目指して出発。途中、トヨタ自動車本社を経由して一路東へ向かう。

トヨタのモータースポーツ年表（1950年～1995年）を見ると、1957年の「第5回豪州一周ラリー」、58年の「日本一周読売ラリー」と「第6回豪州一周ラリー」の後、1963年の「第1回日本グランプリ」の間の4年間が、しばらく空白となっていた。

この時期は「豪州一周ラリー」や「読売ラリー」等で、モータースポーツが全国的にかなりの盛り上がりを見せたにもかかわらず、トヨタにはほとんど活動の記録が見当たらない。

「中日ラリー」とは、1960年前後、中部日本新聞社（現中日新聞社）がトヨタ自動車販売とスタンダード・ヴァキューム石油会社の協賛のもとに開催したラリー・イベントである。

1　有名城めぐり 自動車ラリー（1959年9月）

1959（昭和34）年、中部日本新聞社は名古屋開府350年と名古屋城再建を記念して、「有名城めぐり 自動車ラリー」を開催した。

日程は、9月26日から10月1日の6日間で、名古屋城から東の江戸城、西の大阪城を両端として、中部・北陸地方の有名城を巡る1,600kmの中部地方初の自動車ラリーであった。

当初、コースは東海道を東進し、東京経由で長野県上田から松本を通る予定であったが、先の台風7号による長野県下の道路被害状況を考慮して、上田～長野～直江津～金沢～大阪のルートに15kmほど短縮された。

スタートに先立ち、9月24、25日に愛知トヨタと名古屋トヨペットにて、参加予定車両37台の車検が行なわれ、スプリング、ブレーキ、電気系統、メーター類の検査、ラリーには禁止されているラリーメーターや送信機の有無を詳しくチェックされた。

検査済の車両は愛知県庁前広場にプールされ、参加者は車には一切手を触れてはならないことになっていた。同日午後2時から、名古屋市中区役所にて、盛大な開会式が行なわれた。

9月26日、午前6時、まず審判車7台（審判長、下山鉱一名古屋工業大学教授）がチェックポイントを目指して出発、同45分、野田米太郎親善使節団長（中部日本新聞文化事業部長）を乗せた使節団が出発した後、同7時から参加36チームが1分おきに、次々と雨に煙る名古屋城を後にした。

第1日目は台風15号の豪雨の中にも、順調にコースをたどり、名古屋～江ノ島間350kmを走破、同日午後4時半から5時半頃までに全36台が江ノ島に到着した。

この結果、東京の牧野チーム減点1、所要時間9時間49分34秒で首位となった。

雨と霧で見通しが困難だった箱根峠を乗り越えたこと、到着予定時刻の約1時間以内に全車がゴールインしたことは、中部地方初のラリーとしては、最上のできだった。

27日、午前7時、江ノ島を出発した一行は、東京入りし、江戸城、中部日本新聞東京支社前を通過、関東平野を北上して、群馬、長野県境の碓氷峠で悪戦苦闘しながらも、親善使節団と全チームは同日午後5時半頃までには、長野市民の盛大な歓迎を受け、ゴールに入った。2日目の減点ゼロのチームは4チーム（23K／愛知、神奈川クラウン会／神奈川、赤坂／東京、藤谷／石川）もあった。

9月28日、主催者は、名古屋を中心に襲った台風15号の被害が予想以上に大きく、名古屋城までの今後の予定コースを完走することが困難になったとして、第2日目をもってレースを打ち切ることになった。

小林競技委員長は、次のような談話を発表した。

　第1日は大雨にもかかわらず、一つの事故もなかったのは、各チームの優秀な運転技術のためだった。また、第2日は、選手諸氏が前日の貴重な経験を生かし、非常に減点の少ないレースを見せ、今後の好レースが大いに期待された。しかし、不幸にも台風被害が予想以上に大きく、被災者の苦しみを痛く感じ、最後まで走り続けたい気持ちを抑えて、ラリーを打ち切ることに同意した。各チームの美しい心には頭が下がる。

この台風15号とは、世に言う「伊勢湾台風」である。なお、『中日新聞二十年史』（1962年）には、この「有名城めぐり自動車ラリー」は「中日ラリー」の第1回とされ、翌1960年のラリーは第2回、1961年のラリーは第3回と記されているが、当時の表記としては、1960年が第1回、1961年が第2回「中日ラリー」である。

「有名城めぐり自動車ラリー」参加車のスタート（1959年）
©中日新聞社

ラリーがスタートした9月26日の夕方、台風15号が潮岬に上陸し、紀伊半島から東海地方を中心に、ほぼ全国に甚大な被害をもたらした。死者・行方不明者5,000人超、負傷者4万人弱。台風は27日深夜日本海に抜け、午前9時前後には秋田沖に進んで、東太平洋でようやく消滅したのは10月2日だった。9月30日、この台風15号は「伊勢湾台風」と命名された。ラリーは2日目に中止を余儀なくされた。

「有名城めぐり自動車ラリー」コース（1959年）

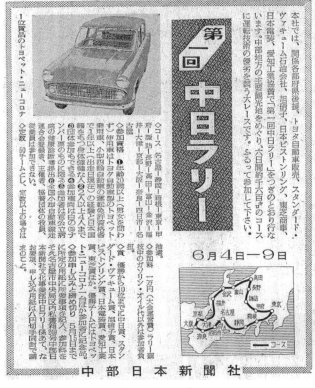

第1回中日ラリー開催告知（1960年4月23日）
参加できる車はトヨペットだけとされ、優勝チームには、同年3月に発表されたばかりの、トヨペット・コロナ（PT20）が贈られることになった。P型はS型の後継エンジンで997ccのOHV。

2　第1回中日ラリー（1960年6月）

　第1回中日ラリーは、前年のコースを一部変更、構想も新たに行なわれることになった。

　1960（昭和35）年4月23日の「中部日本新聞」に、次のような「第1回中日ラリー」の開催告知が掲載された。

「本社では、関係各都道府県後援、トヨタ自動車販売、スタンダード・ヴァキューム石油会社、旭硝子、日本ピストンリング、東芝商事、日本電装、愛知工業協賛で『第一回中日ラリー』をつぎのとおり行ないます。中部地方の主要観光地をめぐり、六日間約千六百㌔のコースに運転技術の優劣を競う大レースです。ふるって参加してください」

- コース：名古屋－静岡－箱根（泊）－東京－甲府－諏訪（泊）－長野－高田（泊）－富山（片山津泊）－金沢－福井－大津－京都（泊）－大阪－奈良－四日市－名古屋
- 参加資格：
  ①年齢20歳以上（男女を問わず）トヨタ自動車製トヨペット乗用車を使用、小型四輪自動車の運転免許のある1年以上（出走日現在）経験を有し、日本国籍をもつ身体強健な人。
  ②2人以上4人まで。
  ③団体参加可
  ④参加車両は白の5ナンバーに限る。
  ⑤参加者は官公立病院の健康診断書を提出。
  ⑥全国小型自動車競争連合会登録者、主催者、協賛団体の役員、従業員は参加不可。
- 定数：50チームとし、定数以上の申し込みがあった場合は抽選。
- 参加料：1万円（大会運営費）。ラリー競技中のガソリン・オイル代以外は参加者負担
- 賞：優勝から10位まで、中日賞、スタンダード・ヴァキューム賞、旭硝子賞、日本ピストンリング賞、東芝賞、日本電装賞、愛知工業賞ほか。
  優勝チームには、トヨペット・ニューコロナ（PT20型）1台ほか参加者に記念品を贈呈。

　また、このラリーには優勝者を予想する「懸賞」（50,000円）も掛けられた。

　全行程6日間、1,600kmは前年と同様。参加申し込みは前年の30チームを大きく上回って、60チームを越し、審査の結果、50チームが選ばれた。前年の参加チームからは、17チームが再参加となった。

　出身地の内訳は、愛知：21、東京：10、岐阜・三重・神奈川：各3、静岡・石川：各2、福井・大阪・京都・埼玉・新潟・秋田：各1であった。

　また、名古屋大学、名古屋工業大学の自動車部員による全面的な協力があり、審判、チェックなど、道路交通法に従って、安全運転を期し、親睦と運転技術向上を図る目的もあった。

　参加者の中には、古我信生の名もあった。古我は前年に始まった「日本アルペンラリー」の最初の優勝者であり、その後海外ラリー等でも活躍、各種レースの運営に携わり、自動車ジャーナリストとしても活躍した。

　1960（昭和35）年6月4日、午前8時、小雨煙る中、箱根湯本を目指して、スタートを切った。最初のタイムコントロール、愛知・静岡県境の潮見坂までの95kmを平均時速37.7kmで走るよう指示された。途中、一行は「歓迎中日ラリー」の横断幕のかかるトヨタ自工本社（豊田市）正門前で、石田退三社長、山本正男重役など同社の幹部や従業員・トヨタ幼稚園児に、雨の降る中を紙旗で出迎えられ、参加者には記念品が贈られた。ここでスピードメーターの調整を行ない、沼津、箱根のチェックポイントを通過した各車は298.1kmを走破し、第1日目のレスト・コントロール箱根湯本に到着した。

　参加50チームのうち、減点0のチームは4チームもあったが、3チームが棄権、1チームが事故のため失格となった。

　第2日目（6月5日）は湯本から東京を経由して、甲府、上諏訪までの難コースの298.2km。定刻7時、昨日とは打って変わって晴天の中を第1号車が出発。山梨県に入ると、未舗装路でのほこりだらけの苦闘が始まった。特に、前年の第7号台風の跡も生々しい韮崎市付近はいまだ復旧工事の最中で、仮道路や仮橋の連続だった。「小早川チーム（愛知）」が通算減点0で単独首位となった。

　第3日目（6月6日）も好天に恵まれた信濃路から越

「第1回中日ラリー」コース(1960年)
スタンダード・ヴァキューム社「第1回中日ラリーディーラー・ニュース」(1960年)から。
(以下*1印は同誌から転載)

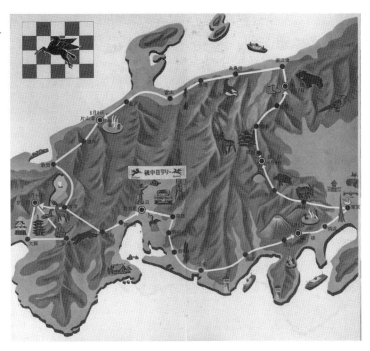

第1回中日ラリーパンフレット
スタート前日の6月3日午後、愛知県美術館に、下山審判部長はじめ、役員、来賓、参加選手200人が集まり、開会式と競技要項の説明会が行なわれた。

笹子トンネル入口のチェックポイント(1960年6月5日)*1
2日目、完全舗装路の横浜、東京を抜けて、北進。山梨県に入り、ホコリとの格闘が始まる。韮崎付近は昨年の台風の影響が残り、復旧工事の真最中で仮設道路に難渋。

信濃路を走る参加車(1960年6月6日)*1
3日目、信濃路から越後路へ。塩尻峠を越え、険しい悪路の連続で、故障車が目立つように。越後高田に到着し、全コースの約半分の780kmを走破。

天下の難所 親不知(1960年6月7日)*1
4日目、新潟、富山、石川3県にまたがるコース。天下の難所「親不知・子不知」を数ヵ所の崖崩れを避けつつ、通過して片山津温泉に。

後路、上諏訪から高田までの188km。ラリーも3日目に入ると、故障車が目立つようになってきた。

「河島チーム(名古屋)」が通算減点0で首位に立つ。これで全行程1,600kmの半ば約780kmを走破したことになる。

第4日目(6月7日)は、高田から日本海沿いに富山、金沢を経て、片山津まで。ただでさえ危険な海岸線には数ヵ所の崖崩れがあり、黒部市のチェックポイントまでは、超スローペース(時速20.8km)の速度指示。北陸出身の選手たちは各地で大歓迎を受ける。すでに1,000km余りを走破、510数kmを残すだけとなった。依然として「河島チーム」が減点0で首位を保った。

第5日目(6月8日)は、風光明媚な敦賀港沿いに福井、敦賀を南下し、琵琶湖東岸を回って、米原・草津・大津を経て京都までの233km。予想外のコントロール・ポイントの設定に選手達は不意をつかれ、ほとんどが減点される。

最終日(6月9日)、参加車45台は、京都〜大阪〜京都〜亀山〜四日市を経由して、名古屋に戻ってきた。まだ、前年の伊勢湾台風の傷跡が生々しく残っていた。一番乗りは午後2時24分、4時までには全45チームが名古屋テレビ塔南の終着点にゴールインした。

優勝は「河島チーム」(愛知トヨペット同好会・名古屋)で、河島勇(40)・伊藤善太郎(51)・西尾晴孝(20/名古屋大学2年・計算担当)の3人であった。通算減点が僅か2点という、驚異的成績であった。「河島チーム」には、トヨタ自動車販売からトヨペット・ニュー・コロナ(PT20型)の目録が贈られた。

前年に引き続き、審判長を務めた下山鉱一(名古屋工業大学教授)は次のようにコメントした。

　1位になった河島チームはもちろん、上位各チームとも非常に少ない減点でゴールしたことは、綿密な計画と優秀な運転技術の結果であり、驚嘆に値する。今回のコースは見事なハイウェイがあるかと思えば、走行困難とも思われた山道があり、実に変化に富んで、ラリーコースとしては興味深いものがあった。この間を指示された平均速度をうまく調整して一定時間内に走らなければならなかったので、選手達も風景を楽しむどころではなく、緊張の連続だった。前半よりも後半の方が好成績だったのは、ラリーの本質を選手全員がマスターしてきたことの現れだ。

3　第2回中日ラリー(1961年6月)

「第2回中日ラリー」は、1961(昭和36)年6月7〜13日に開催された。今回は、主催者として、北陸中日新聞社、東京中日新聞社が加わり、前回と同様、トヨタ自販とスタンダード・ヴァキューム石油他が協賛となった。また、「このラリーは新道路交通法による安全交通をPRするため、定められたコースを定められた時間で走る技術コンテストである」とされた。

コースは前年と逆に名古屋〜大阪〜金沢〜東京〜名古屋となり、金沢市内での参加車のパレード、二子玉川園(東京世田谷)でのジムカーナなども企画された。

また、1区の名古屋〜福井間が耐久力を競う長丁場(約470km)、2区の福井〜金沢間は逆にデリケートなテクニックを要求する短距離区間(約90km)で、最後の6区(横浜〜名古屋)は、初の深夜走行コースとなるなど、趣向に富んだ企画であった。

6月7日、午前6時、全国から参加した33チームが中部日本新聞本社前をスタート、大阪・京都・敦賀を経て、福井までの470kmの耐久ラリーに挑んだ。名古屋を出て、長浜までは舗装路を快調に走行していたが、賤ヶ嶽を越えて、北陸路に入ると凸凹道に変わり、砂埃が選手たちを悩ませた。午後7時44分、最初のチームがゴールに飛び込んだのに続き、規定時間内に32チームが第1日の13時間余りの行程を走り終えた。

昨年優勝の「河島チーム」が減点0で首位となった。

第2日目(6月8日)は、福井から金沢市の石川県庁前までの90kmの比較的楽なコースであった。道路工事や紛らわしい道に戸惑うチームが続出したが、「河島チーム」が減点0で前日に引き続き、首位を保った。

第3日目(6月9日)は、失格、棄権チームの2チームを除く31チームが、金沢を出発、小雨降る北陸路から難所の親不知を通過して、新潟県高田市までの281kmに腕を競った。これまでに761kmを走破し、全1,600kmの半分を終えた。首位は依然として、「河島チーム」。1チームが棄権して、30チームが残った。

ゴールに向かう参加車（1960年6月9日）[*2]
6日目、京都市庁前を出発し、混雑する大阪から奈良を経て京都、大津、亀山、四日市、桑名と伊勢湾台風の傷も生々しいルートを通って、45チームが名古屋に到着した。
（以下*2印は名古屋工業大学自動車部OB提供）

第1回中日ラリー優勝の河島チーム（1960年6月9日）[*2]

『トヨタニュース』（1960年7月）に掲載された第1回中日ラリー

第4日目（6月10日）は、高田市を出発、長野、松本を経て、上諏訪までの230km。新潟、長野県境の信濃町付近は前夜の雨で、ぬかるみがひどく、エンジンのオーバーヒート、パンクなど、各車の故障が続出した。ここでは2チームが棄権し、ゴールでは28チームになった。「河島チーム」は減点5を喫し、「いとうチーム」に首位の座を譲った。

　第5日目（6月11日）は、上諏訪から甲府、東京世田谷、三宅坂などを通過、横浜までの220kmを全28チームが完走した。僅差でトップを奪い返した「河島チーム」は「この区間ほど疲れたことはない。運転に全神経を集中して、横浜に着いたときには口も聞けないほどだった。とても（昨年に続く）優勝の自信はないが、夜の東海道は何度も経験ずみ。問題はスタミナの配分」と語った。同夜、選手たちは横浜港の氷川丸に宿泊、スタンダード・ヴァキューム社主催の激励パーティに招待され、英気を養った。

　第6日目（6月12日）は、東京二子多摩川園での東京中日新聞社主催の自動車の運動会（ジムカーナ）に楽しい時を過ごした後、横浜に戻り、午後5時30分、初のナイトレースに挑んだ。

　徹夜で東海道を進んだ一行は翌朝6時、静岡を通過し、ラストスパートをかけた。途中、豊田市のトヨタ自工本社前では、下山審判長はじめ、参加各チームには花束と記念品が贈られた。

　6月13日、午後1時40分、最初のチームが名古屋テレビ塔前のゴールに入った。

　優勝は前年に引き続き、「河島チーム」が獲得した。河島は3人の学生を助手として、2位の「いとうチーム」と競い合った。「いとうチーム」のキャプテン伊藤善太郎は、前年、河島勇とコンビを組んで出場して優勝しており、見事、1、2位を分け合った。

　1962（昭和37）年、「中日ラリー」は、交通事故防止の全国運動に協力して、中止することになった。

4　大学の自動車部の活躍

　「中日ラリー」には、名古屋大学、名古屋工業大学の自動車部の献身的なサポートがあった。スタンダード・ヴァキューム石油会社が、「第1回中日ラリー」の後に発行した広報誌『第1回中日ラリーディーラー・ニュース特集号』（1960年）では、ラリー委員長の沓名秋次（中部日本新聞社取締役事業局長）が次のような謝辞を述べている。

　　今回のラリーには、審判員として名古屋大学工学部、名古屋工大の学生が参加しましたが、若い諸君のエネルギー発散に、効果的な技術実習に得がたい機会を提供されて、大いに感謝する旨、審判委員長の下山名古屋工大教授からお申し越しがありました。

　全国の大学の自動車部は結構、以前に設立され、活発な活動を行なっていた。

　名古屋工業大学自動車部は1949（昭和24）年、同大に入学した第1回生の数名が、内燃機関実験室にあった数台の車を整備して、動くようにしたことに始まる。（下山鉱一「名工大学生自動車部ロードテスト記録」1986年5月31日）

　1951（昭和26）年10月、「名工大自動車技術研究会」が結成され、1952（昭和27）年3月25日～31日、4月1日～7日、自動車講習会を開催、同年、名古屋市教育委員会から市民講座（成人学校）に自動車講習を依頼され、1969（昭和44）年まで、18年の長期にわたり、6,000名に達する市民を教育した。

　1953（昭和28）年6月、「名工大自動車倶楽部」が結成され、1957（昭和32）年には「名工大自動車部」となる。1958（昭和33）年11月9日、「第1回中部ラリー」を開催。これは中部地方でのラリー開催の先鞭をつけたもので、市民に大いにアピールし、各大学自動車部の指導的立場に立った。この「中部ラリー」は、1971（昭和46）年まで、11回も開催された。また、1958（昭和33）年6月に開催された「日本一周読売ラリー」に参加した名工大チームは総合6位、学生の部で優勝するなど健闘した。

　さらに、1960（昭和35）年には、「全日本学生自動車連盟」に加入、その他の各種競技で活躍した。

　ロードテストは1953（昭和28）年から開始され、最初の頃は数日間の日程で10人前後の参加者であったが、後には20日以上、20～30名が関西・東海・中部・北陸・中国・九州から東北・北海道まで全国各地を巡った。

「第1回中日ラリー ディーラー・ニュース特集号」(スタンダード・ヴァキューム石油会社 1960年)
ラリー終了後に、スタンダード・ヴァキューム社から発行された広報資料。この中で、スタンダード・ヴァキューム石油会社の副総支配人森田敏郎は次のように述べている。「ラリーは、単に運転技術ばかりではなく、最も頭脳的な緻密な計算を必要とする高度の競技であり、模範競技ともいうべきものである。この有意義な中日ラリーが最も権威あるラリーとして毎年続けられ、それによってわが国のオーナードライバーの運転技術が向上し、さらには自動車産業が一層発展することを心から願う」
しかし、中日ラリーは、その後継続されることはなく、第2回をもって終了となった。

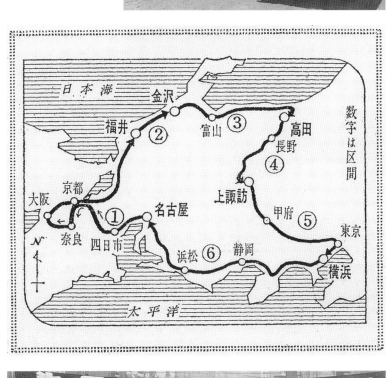

「第2回中日ラリー」コース(1961年)
前年と逆回りの西回りに変更、初の深夜走行コースが設定された。出走は33チーム。

スタートする参加車(1961年)
©中日新聞社

概ね、1日の走行は200km程度で、全行程4,000km近くを走ることもあった。走行は単なるドライブではなく、エンジン、シャシーに関する各種テスト、道路状況・環境調査、乗員の健康・疲労試験等々、多彩な実験を実施し、それらの試験方法はほとんど学生自身の手になるものであり、調査報告書もまことに立派なものであった。

当時の学生には、舘野六男、有賀道夫、川村俊裕、西川久次、浅野忠和、赤堀俊幸、伊神成之、山本武、水谷健一郎、島和雄、後藤鐘一、塩見正直、夏目芳彦、山村良夫、渋木修、西坂公一など、後に自動車会社で活躍する人たちが数多くいた。

全国の大学には、古くから多くの自動車部が存在した。これらの事蹟や変遷についても、調査整理を行ない、当時の時代の記録として、永く残しておくべきものと思う。

中日ラリーに関しては、序章に述べたように『トヨタ自動車30年史』(1967年)に、僅かながら言及があるが、『中日新聞社三十年史』(1972年)には、7行、約400字程度の記述と1枚の写真が残されているに過ぎない。

当時の中部日本新聞には、もちろん、中日ラリーの経過が毎日掲載されてはいたが、中央の自動車雑誌、新聞等には露出がほとんどない。いくら、中部地区を主にしたラリーとはいえ、50台もの車が1,600kmを走破するという一大イベントが、何故にこのような扱いをされてきたのかは、定かでない。

1958(昭和33)年に開催された「日本一周読売ラリー」(4,500km／16日間)は、より大規模で、参加車両もトヨタ車に限定されることなく、結構、メディアにも取り上げられた。「読売ラリー」は、交通事情の関係から、1958年の1回だけの開催で終わってしまうが、協賛・後援などにトヨタの名前こそ出さなかったものの、トヨタの関与が大きく、「トヨタ・ラリー」と揶揄されることもあった。

「中日ラリー」はトヨタ自販が協賛し、参加車両もトヨペットに限定、優勝者には発売(1960年4月)間もないトヨペット・コロナ(PT20型)が提供されるなど、トヨタの宣伝・販売促進的色彩があまりに強かったのではないだろうか。

トヨタとともに協賛に名を連ねたスタンダード・ヴァキューム社(モービル)は、「豪州一周ラリー」の主催者でもあり、「読売ラリー」の協賛も行なっていた。「中日ラリー」もその一連の流れのなかにあったと思われる。

同社は、第1回中日ラリーの後に『第1回中日ラリー ディーラー・ニュース特集号』というまとめの小冊子を発行し、販売店に配布した。24cm×26cm、22ページ、一部カラーの立派なアルバムである。

トヨタモータースポーツ史の1959(昭和34)年〜1962(昭和37)年の4年間はトヨタの活動の記録があまり見られなかった。「中日ラリー」は、協賛とはいえ、トヨタが関与したモータースポーツイベントであり、この空白を埋めるものである。

「中日ラリー」の2年後、1963(昭和38)年の「第1回日本グランプリ」で、トヨタは3クラス優勝を飾り、その後、トヨタスポーツ800、2000GT、トヨタ7が活躍する時代が続くことになる。

日本のモータースポーツの「幕開け」は、間近に迫っていた。

ラリーの計測について[*2]
現在と異なり、電子機器のない時代、当時の参加者は独特の測定方法を工夫した。中日ラリーでは、コンパスと定規、早見表、誤差の修正測定、地図、計算機(計算尺、手動式計算機、中には最新式の「電気計算機」も)、数個のストップウォッチ、そして「勘」によるものなど、様々なアナログ的方法が取られた。
指示速度と実際の走行には誤差を補正するために、積算距離を標準距離で割り、それに指示速度を掛けて修正値を求める、あるいは、所要時間(縦軸)と距離(横軸)のグラフの中に指示される時速の進行曲線を描き数値を計算機で素早く変更しながら走行する、などだ。(『モーターエイジ』1960年7月号)

二連覇した河島チーム（1961年）
ⓒ中日新聞社
河島勇は、前年チームメートだった伊藤善太郎と、1、2位を分け合った。

サポート隊として活躍した名古屋工業大学自動車部（タイムコントロール／通過確認地点にて）*2

左と同じく名古屋工業大学自動車部（前日先行車）*2

参考文献・第3章

『中部日本新聞』中部日本新聞社
　（1959年9月20日〜28日）
『中部日本新聞』中部日本新聞社(1960年4月23日〜
　6月16日)
『中部日本新聞』中部日本新聞社(1961年6月5日〜20日)
『中部日本新聞二十年史』中部日本新聞社(1962年)
『中部日本新聞三十年史』中部日本新聞社(1972年)
『第1回中日ラリー　ディーラーニュース　特集号』
　スタンダード・ヴァキューム石油社(1960年)
『トヨタニュース』トヨタ自動車(1960年7月)
『モーターエイジ』自動車週報社(1960年8月号、1961年
　8月号)

『トヨタ自動車30年史』トヨタ自動車(1967年)
加藤正利編『中日ラリー(記録／CD-R)』名古屋工業大学
　自動車部(2009年)

澁谷道尚編『日本アルペンラリーの足跡』湧水出版
　(1996年)
GP企画センター編『サーキットの夢と栄光　日本の自動
　車レース史』グランプリ出版(1989年)
松本秀夫編著『限りない挑戦の足跡　トヨタモータースポ
　ーツ史　第1巻』トヨタ自動車(2008年)

第4章

歴史保存を考える

企業社史でも見逃されがちな
モータースポーツ活動とそのルーツ
自らの歴史を知ってこそ文化は育まれる

復元した豪州一周ラリーのクラウンと
左から2番目から近藤幸次郎、松本秀夫、齋藤武邦
トヨタ博物館にて（2011年5月24日）

1　歴史保存の意義

トヨタモータースポーツ史と資料保存

　筆者は、1983年〜98年の16年間、トヨタ自動車のモータースポーツ部に在籍し、WRC、耐久レースを始めとするほとんどのプロジェクトに関わり、また、部総括、モータースポーツ会議事務局として全体のとりまとめに当たった。

　その後、トヨタ博物館に異動となり、2005年に定年退職、2005年〜07年、モータースポーツ部にて、『トヨタモータースポーツ史』の編纂・執筆にも携わった。また、1999年〜2004年および2011年〜2014年の10年間のトヨタ博物館勤務中も、少なからずモータースポーツに関わってきたので、約30年間、トヨタのモータースポーツとその歴史の調査・研究に携わってきたことになる。

　1994年、『TOYOTA Technical Review』(TTR)で、トヨタのモータースポーツの歴史と現状・技術をまとめることになり、幹事編集委員として、企画・編纂・執筆に携わった。

　TTRは、もともとトヨタ自動車が発行する技術論文集であるが、特集として「モータースポーツ」がとりあげられたのである。

　しかし、調査を開始して間もなく、社内に残されている一次資料の少なさにしばし天を仰いだ。一般資料はもちろんだが、写真・映像になると、事態はさらに深刻で、TTRに使用した写真には社外から有料で借りたものが多々ある。

車両の保存

　車両の保存も十分とは言えない。過去、多くの貴重な車が廃却されてきた。

　4、5年ほど前、トヨタのある役員から、次のような話を伺ったことがある。「かつて、モーターショーのコンセプトカーを2年経ったらスクラップにするという話を聞いて愕然とした。頼んで、とにかく(試作車の) 1台は残しておいてもらった。もともとクルマが好きで自動車会社に入った人間としては、貴重なクルマをスクラップにするなんて信じられなかった」

　欧米と違って、日本の自動車会社はどこも自社の車の保存には苦労している。

　日産は、市販車はもちろんのこと、1958年の第6回豪州一周ラリーでクラス優勝したダットサン富士号や桜号から主なラリー車、レース車に至るまで保管し、貸出体制も備えている。その数、約400台以上と聞く。志のある人たちが、懸命に集め、保存してきたものだ。

　ホンダは本田宗一郎氏の「古いものは遺すな！」という厳命に逆らって、多数のクルマを残してきた。2輪車他を含め、その数450台、F1車30台以上という。

　トヨタは、国内収蔵総数約440台。トヨタはモデル数が他社より、相当多いと思われるが、他社と同程度の収蔵数である。そのうち、トヨタ博物館が約280台と63％を占める。

　2003年の秋、トヨタ博物館で開催された企画展「モータースポーツの世界」では、ホンダのF1車RA300とともにダットサン富士号の実車が展示された。それぞれホンダと日産から借用したものである。ダットサンの変形したボディと荒れた塗装面を見て、よくぞ今まで保存していてくれたと感銘を受けたものだ。

　1957年、日本車として最初に海外ラリーに参加し、完走を果たした記念すべき初代トヨペット・クラウンは、その後、トヨタ自販社員に払い下げになり、やがて廃車になってしまったことは、第2章に書いた。当時のドライバー神之村邦夫氏から直接伺った話だ。

歴史資料の廃棄

　先人たちが残したモノや資料を廃棄するということは、自分たちが今やっている仕事も、同様に後進たちによって廃棄され、何も残らない、社史などに記載されることもなく、なかったことになる、ということを意味している。「歴史資料」とは、まさにそういう類のものなのである。

　そもそも、ある資料が役に立つかどうかなどは、即断できるはずもない。このようなことは事後的にしか検証できないものだからである。どんな資料でも、「今、この資料を捨ててしまったら、将来の後輩たちや研究者たちが大変困ることになるかもしれない」という想像力・謙虚さ・危機意識を常に持たないといけない。先人たちの労苦を水泡に帰すようなことがあってはならない。

そして、「保管すべきか廃棄すべきか迷ったら、とりあえず残す」ことを大原則とすべきである。その前に、廃棄しようとする資料を、まずは自ら（の責任で）検分しなければならない。たいていの人は、ろくに資料を見もしないで、捨てようとするものだ。想像力に欠けた人や自分で廃棄の可否を判断できない人は、そのような作業に携わってはならない。

さらに、歴史資料を「難民」のように、こちらの部屋からあちらの倉庫へと漂流させるようなことは、決して、あってはならない。ましてや、別の会社に管理を丸投げするなどとんでもない話だ。そのようにすれば、必然的に資料は散逸していく。

それを近視眼的現場が止めるのは困難である。そして、歴史資料に「定住の地」を与えられるのは、長期的視点を持ったリーダーだけである。

とにかく、捨てないことが肝要なのだ。保存の目的は何か、何に使うのか、何の役に立つのかなどという人が少なくないが、そんな判断は次の世代に任せればよい。筆者が半世紀後にダットサン富士号に感動の遭遇をしたように、ずっとあとの後輩たちに「よくぞ残しておいてくれた」と言ってもらえればよい。

誤解を恐れずに極論すれば「保管基準」などと難しいものはいらない。そんなものはどうにでも作れるものだ。当事者の見識と熱い想いが唯一の保管基準だ。

日産やホンダが保存してきた多くの車両に明確な保管基準があったとは思えない。彼らは、ただ純粋に自分たちの闘いの証、足跡を後世に残しておきたかったのではないか。自分たちの熱い想いを無造作に捨て去るに忍びなかったのだろうと思う。それが「見識」というものだ。

ダイムラー社のポリシー

ダイムラーのようなヨーロッパのメーカーにとっては、歴史を尊重すること、クルマや資料を収集・保存し、いつでも直ちに取り出せるように情報を整備し、活用しつつ、後世に継承して行くことは、誰もが共通認識として持っている当たり前のことなのだろう。

そのバックボーンになっている考えは、「我々が歴史を大切にする理由は、我々が自動車を発明したからだ。リーダーとして、その歴史を残す義務がある。我々は自分たちが自動車を発明したという視点ですべての仕事をしている。だから、未来のための研究開発費のある割合を歴史活動のために使っているのだ。つまり、未来と過去の探求は同時に進めている、クルマの両輪のようなものなのだ」という信念と矜持と哲学である。

元『SUPER CAR GRAPHIC』（SCG）編集長の伊東和彦氏が、1986年に海外取材で訪れたダイムラー社で、ある役員から聞かされた話である。今から30年ほども前のことだ。

さらにその役員はいう。「日本のメーカーもその歴史を大切にし、記録として残さなければダメだ。製品が似たようなものになって、安く供給されるようになったとき、製品力を左右するのは、蓄積してきた歴史の中にある哲学だ。過去を整理して、必要なときにはすぐに取り出せるようにしなければならない。製品のブランド力は歴史で造られるものなのだ」

果たして、このようなことを言える自動車人が、日本に何人いるだろうか。

ある役員は、歴史保存に関する会議で、担当者が費用について言及した際、烈火のごとく怒り、次のような「見識」を述べられた。

「何をいうか！ 我々は血の滲むような苦労をして、ようやくこういうこと（クラシック・イベントへの参加や歴史保存）がやれるようになったのだ。金が要るなら、一生懸命クルマを作り、それを1台でも多く売って、そのための費用を捻出すべきなのだ」

同席していた筆者は、感動の余り、身震いしたことを覚えている。

その役員は別の機会に次のようにも述べている。「創立100周年に、『兵どもが夢の跡』を残しておかなくていいのか！」

また、別の役員は2003年当時、常々次のように語っていたという。「トヨタ100周年まであと35年。トヨタはこのときに何ができるだろうか。関係者をお招きしてトヨタ100年の歴史をご覧いただこうと思うが、今のままではいけない。今から整理をしておかなければ……」（『ノスタルジックヒーロー』vol.107　2005年2月号）

前述のダイムラーの役員の言葉に通じるものがあるではないか。志のある人はまだいる。

"グッドウッド・フェスティバル・オブ・スピード"

2000年6月、"グッドウッド・フェスティバル・オブ・スピード"(略称FoS)に休暇を使って訪れた一人のトヨタ社員がいた。当時はまだ日本人の姿もほとんどなく、ホンダだけが参加している状態だったが、イベントのすごさに圧倒されたという。ホンダは、前年から本格的な参加を始めていた。彼はこのようなイベントを通じて、トヨタの欧州でのプレゼンス(ブランドイメージ)を上げる必要があると考えた。

一方、2001年、トヨタの社内団体トヨタ技術会では、2002年からのトヨタのF1参戦を後押しするようなイベントを検討中で、トヨタ7(1970年)のレストアが提案され、具体化していった。この当時のレストアは、ボランティア・ベースの活動だった。並行して、FoS事務局とのイベント参加に向けての折衝が続けられ、2002年、幾多の社内調整を経て、トヨタ7での初のエントリーとなる。

2004年に至り、モータースポーツ部を中心に「モータースポーツ歴史保存・活用プロジェクト」が発足、車両・情報の収集整理が組織的に推進されるようになった。レストアもボランティア・ベースから、業務扱いへと発展していった。FoSは、2007年にはメインディスプレー・スポンサーとなる。また、既述の『トヨタモータースポーツ史 第1巻』の発刊は、このプロジェクトの具体的な成果の一つである。

その後、様々な社内問題や担当者の異動、組織の改編等があって、2010年以降は、プロジェクトの存続が困難になってきた。

「文化」が関係するこの種の活動を一過性のものに留めることなく、永続させるには、相当な覚悟ととてつもない忍耐が必要となる。

自動車文化

ノンフィクション作家の山根一眞氏は1998年に開催された「産業技術保存継承シンポジウム」で次のように述べている。

> 産業技術の博物館は、それ以前にはなかったモノを残し、なぜそういうものの創造を思い立ったのか、それが時代にとってどれほど重要な意味があったのかを現物をもって見せ、後世に継承する場である。
>
> 日本では博物館をつくる人たちは、展示方法や表現方法ばかりに力を入れるが、表現方法は後から考えればよい。大事なことは皆さんがつくって来た20世紀のモノを徹底的に集めること、つまり収蔵品が重要である。
>
> 博物館とは過去の遺物ではなく、過去の努力の跡を学びながら、突然、ある時に素晴らしいモノが出てきて、どれほど時代に影響を与えたかを知ることである。

大いに示唆に富んだ「見識」ではないか。

10年ほど前、ある自動車評論家から、次のような手厳しい書簡をもらったことがある。

> 日本の自動車産業は欧米に追いつき追い越せでやってきて、文化面をすっかり忘れた。模倣から始まり、文化を忘れて世界の自動車産業のトップになった。これからどちらに向かうのか、ビジョンのある人がいない。物理学だけで作ったクルマは100円ライターの延長のようなものだ。そのまま自動車が便利な(だけの/筆者補足)道具になってよいものかどうか、クルマが好きな自分としてはそうなってほしくないと思っている。
>
> 鈴鹿サーキットが出来てのレースから、日本の自動車メーカーは『レースとは勝った負けたの宣伝になる』しか念頭になく、レースの概念が歪んだ形で広まってきた。
>
> 誤った知識、不十分な知識で、諸外国の自動車関係者の神経を逆撫でする日本人が出てほしくない、自動車に関しては、日本は後発なのだから、先輩たちに尊敬の念をもって接してほしいと思う。
>
> モータースポーツの歴史を書くならば、事実をきちんと書かなければならない。きちんとした歴史を書き残すことによって、将来同じ誤りを繰り返さないようにする必要がある。

自戒を込めて言うが、そもそも、人間や世界の歴史、伝統、芸術、文学、宗教、経済、環境、科学、技術、世の中の出来事、そして人々の様々な暮らしや想いに、ろくな関心も基本的理解も持たずに、「文化」など語れるはずもない。

新旧レーシングカーの祭典「グッドウッド・フェスティバル・オブ・スピード」
英国南部での初夏の恒例イベントは領主マーチ卿の私邸で催される。祖父が興したグッドウッド・サーキットも近くに現存する。2007年大会で疾走するトヨタTF106（F1カー）。

2007年「FoS」で空中ディスプレイされた新旧トヨタ車
グッドハウス・ハウスの真ん前に聳え立つ壮大なディスプレイの主役となれるのは、毎年異なる自動車メーカーで、実現すれば誇りとなる。トヨタは2007年にそれを実現させた。F1カー、CARTカー、ル・マン・カー、WRCセリカ等、どれも実車だ。両脇の支柱は日本の鳥居をイメージしたもの。

2007年「FoS」で展示されたクラウンとトヨタ7ターボと
左から、1957年豪州一周ラリー参加のクラウンの復元車、1970年北米Can-Amシリーズ用に開発されたトヨタ7ターボ。参戦直前に計画中止となったため、アメリカはおろか日本でも参戦機会は訪れなかった。一番右は1993年デイトナ24時間優勝のトヨタ・イーグルMkⅢ。92〜93年IMSA-GTPチャンピオンカーでもある。

歴史資料の保存

　日本の自動車メーカーは、どこも大組織だから、古いクルマや資料を際限なく保存させてくれるほど寛容ではない。上層部を説得して、保存の体制を完璧に整備するなど、理解ある上司が切れ目なく続くか、あるいはダイムラーのように全員のDNAに「歴史保存意識」が組み込まれない限り、残念ながら夢のような話である。

　しからばどうするか。再び、敢えて乱暴な言い方をするが、必要だと思ったら、上の人たちにどう言われようと勝手に保存することだ。つまり、信念をもって、隠し通すのである。社内には必ず、同じ志を持った理解者が何人かいる。隠し通したクルマや資料は、将来必ず、判る人たちやトップが出てきて、陽の目を見るだろう。みんなそうして先人の足跡を守ってきたのだ。

　過去・現在の資料を収集・保存・継承していく「歴史保存」の営みは、他の領域との選択や優先度の問題ではない。我々にとっての必須事項なのだ。

　それは、人間にとって必要な栄養素のどれ一つが不足しても生命を維持していくのに支障を来すことと同義だ。

　「歴史保存」という作業は確かに「面倒くさい」し、一般の人、特に技術者たちはこんな地味なことは、あまりやりたがらない。しかし、誰かがやらなければならない必要な作業なのだ。

　モノを作って、売りまくるだけでは、社会は立ち行かないし、名誉ある地位を占めることはできない。歴史を軽んずる国や会社や組織が一流であるはずがない。

歴史保存に関する他分野の例

　車やモータースポーツとは直接関係しないが、他分野でも保存の大切さを認識し、同様なことを考える人たちが数多くいる。それらをいくつか紹介する。

・辞典の編纂：

　辞書を編纂する際には、膨大なことば・用例を採集するという。『三省堂国語辞典』の初代編集主幹、見坊豪紀(1914年～1992年)は命を削るようにして、生涯に1,450,000に達することばを採集したが、生前、最後に刊行された第4版に載ったことばは73,000に過ぎない。わずか、5％である。壮大な無駄というべきかもしれない。第6版から、同書の編集委員に加わった飯間浩明も最初はそう思った。しかし、自身が辞書編纂に関わり、用例採集をするうちに、この「無駄」は必要だと考えるようになった。飯間はいう。

　「辞書に載ることばだけを集めようと思っていては、本当に必要なことばは集められない。最初の用例採集の段階から、要不要の関門を設けると、必要なことばを軒並み取り逃がしてしまう。本当に必要なことばを集めるためには、まず、あらゆることばを『おもしろい』と思うこと。未知のことばはもちろん、当然知っていることばでも、改めて別の面から眺めてみて、価値を再発見する。そういう姿勢が不可欠だ」(飯間浩明『辞書を編む』光文社　2013年)

　「歴史保存」と相通じるものがある。

・社会資料の収集保存：

　かつて宮武外骨(1867年～1955年)という社会風俗史研究家・編集出版者がいた。明治以来、政府を揶揄し、官憲を嘲罵する新聞、雑誌を出しつづけて、入獄4回、発売禁止14回という経歴を持つ大反骨であった。しかし還暦の年(昭和2年)、東京帝大の「明治新聞雑誌文庫」の事務主任となり、明治の新聞、雑誌の収集と保存に余生を捧げることを決意し、以後24年の間、全国各地から膨大な量を運び込んだ。権威主義の東大教授たちが紙屑と冷笑したこれらの新聞、雑誌が、後には明治研究の貴重な資料となった。(山田風太郎『人間臨終図鑑』徳間書店　1996年ほか)

　将来、何がどう役に立つかなど、資料取集の時点では分からないということである。

・仏像の修復と保存：

　次の指摘も傾聴に値する達見であると思う。

　長く仏像の修復を行なってきた牧野隆夫は次のように述べている。(下線、筆者)

　「<u>仕組みだけあっても、対象に強い関心を持った人間がその周辺にいなければものが残らぬことは世界の歴史が証明してきた</u>。その中で日本全国これだけの量の仏像を継承してきた『彫刻の国ニッポン』は、世界でも稀有な文化を持つ国であるとはいえまいか。その<u>根底</u>

の精神文化こそが仏像と共に残すべきものであると思う。」(牧野隆夫『仏像再興』p.239　山と渓谷社　2016年)

　まだ、雪が残る湖北の古刹を仏師とともに尋ねたことがある。琵琶湖の北、長浜の地は、「観音の里」と呼ばれ、数多くの仏像が村人たちによって守られてきた。中でも渡岸寺観音堂(向源寺)の十一面観音(国宝)の逸話には心打たれる。平安前期(9世紀)の作とされるこの仏像は、16世紀の浅井・織田の戦いで焼き討ちにあった際、住職の巧圓をはじめ村人たちによって、土中に埋蔵されて、難を逃れた。1,000年以上、保存に耐えてきたこの高さ2m近い仏像は今も土地の人々によって、維持・管理されている。その秀麗な姿は、一緒に見学した大仏師を驚嘆させるものであった。写真や三次元画像では、決して表現できない現物の力である。

・貴重な文化遺産・古文書を守る：

　ジョシュア・ハマー(梶山あゆみ訳)『アルカイダから古文書を守った図書館員』(紀伊國屋書店　2017)には、イスラム過激派から貴重な文化遺産である古文書を守り抜いたすごい男たちの闘いが克明に描かれている。

　サハラ砂漠の南、マリ共和国のほぼ中央部に位置する小都市トンブクトゥは、15、16世紀に「学問の都」として栄え、自由で開放的な文化を享受していた。しかし、植民地化などに伴い、古文書の国外への流出が頻発したため、膨大な古文書が個人蔵として、地下に潜行した。イスラム法学書、歴史書、詩集、天文学、医学、薬学、倫理学から魔術に至る広範な写本群である。

　主人公アブデル・カダル・ハイダラは、父の遺言により、そのコレクション45,000冊の管理者に指名される。専門の研究機関で本格的な収集・保存に携わり、9年間で、16,500冊の古文書を収集した。

　そして、ようやく古文書図書館が軌道に乗った2012年、アルカイダがマリに侵入してくる。ハイダラは、古文書が持つ、理性的な論考や知的探求心、寛容さが、彼らの破壊の標的になるのは避けられないと危機感を抱き、比較的安全な1,000キロ西の首都バマコへの一大移送作戦を企てる。その数、約38万冊。

　この移送作戦は、イスラム過激派の厳しい監視の目をかいくぐって行なわれ、その様子が息詰まるような筆致で描かれている。ハイダラと仲間たちの勇敢さと情熱と諸外国からの資金援助で95%の古文書が無傷でバマコに運ばれたのだった。

・会社資料の保存と先人の顕彰：

　2012年末、トヨペット・レーサーと隈部一雄の関係を探求するなかで、クマベ研究所の代表、小林三朗氏に巡り合った。クマベ研究所とは、第1章に詳しく述べたように、トヨタ自工の元副社長だった隈部が1950年に創設した会社で、隈部が開発したBCGワクチン製造装置の製造会社として、現在も存続している。以来、多くの隈部資料の提供を受けたが、何回かの接触のなかで、小林氏は次のように述懐している。

　「WHO(世界保健機関)の検査官から、今まであまり日が当たらなかった隈部博士の業績を世に知らしめるのは大変いいことだ、と言われた。我々もそういう点で、会社の足跡を記録として残す、世に知らせる活動が不足していたと反省している。何年か前にクリーンルームを作るため、隈部先生の資料を大量に廃棄してしまった。その中には、ポルシェ博士からの多数の書簡もあった。あと3年早く、私たちが出会っていれば、捨てることはなかった。返す返す、残念でならない」

・図書館の民営化：

　ある市立図書館がレンタルショップ運営会社によって「民営化」、新しい図書館のロールモデルとして、話題になったことがある。CD、DVDの大量処分(→ショップで借りればよい)、郷土史研究資料の大量廃棄(→使用頻度が少ない、「商品価値」が低い)、見識のない選書(→現世利益追求のハウツー本、グルメ・旅行ガイド等に)など、市民の知性的、感性的成熟を支援するはずの公共図書館にあるまじき「変革」を行なった。

　図書館は営利事業ではなく、専門家が専門的知見に基づいて技術的に管理すべき制度だ。世の中には「市場のロジック」だけで律してはならないものがあるということに、いつになったら、日本人は気付くのか。(内田樹『AERA』2015年8月24日に拠る)

　「歴史資料」を、この伝でいうならば、世の中には「効率や収益性」だけで律してはならないものがあるということに、いつになったら資料の削減・廃棄に躍起

になっている人たちや組織は気付くのか。

　第1～3章に詳述した内容は、今まで50～60年間、ほとんど誰の目に触れることもなく、たまたま廃棄されずに残されていた資料の発掘から始まったものである。

　利用価値が少ないとか、興味がないとか、担当者の独断で、関連資料が整理・廃棄されていたら、これらの研究はどれひとつ「論文」として結実し得なかった。

2　歴史資料をいかに残し、継承して行くか

　本節では、長年、歴史を紡いできた経験から歴史資料収集と編纂に関する留意点を、いくつか私見として述べる。

（1）最も肝要なことは、「当事者」（あるいはその「伴走者」）がどんな形でもいいから、史実を記録し、残しておくべきだということである。当事者の記録が唯一正しいとは限らないが、当事者が記録を残さなければ、何も始まらない。記録を残すことは当事者の「責務」である。

（2）歴史をまとめるに当たって、史実の時系列と脈絡を把握するためには、まず詳細な年表を作成することが必須である。しかし、史実の羅列だけでは、歴史にはならない。
　　ある史実が、ものごとの因果関係や後の活動等にいかなる影響を与えたのか、何故にそういうことに立ち至ったのか、どんな意味があったのか、誰が支配的影響を及ぼしたのか、業界や一般社会の動向とどう関係したか、それとも個々の史実間には何の関連もなかったのか等を、しっかり吟味・把握することが肝要である。

（3）歴史の編纂・執筆時における資料の取り扱いについては、極力同時代の生の資料、いわゆる一次史料を用いるべきである。後の時代に編纂された（要領よくまとめられた）資料には十分注意した方がよい。[注1]

（4）原典や当事者の記憶・記録が、常に正しいとは限らない。それらは他の資料により、多角的に検証される必要がある。記述に当たっては、出典・参考文献等を漏れなく明示し、後世の人たちが再検証できるようにしておくべきである。[注2]

（5）自身の「思い込み」による間違いを避けるために、自ら厳しいチェックを行なうとともに、複数の他人の目で校閲をしてもらうことも不可欠のプロセスである。

（6）専門誌・書籍等の取材記事を鵜呑みにしてはいけない。
　　記者・執筆者も取材対象者も人間である。記憶よりは記録を重視すべきだが、それらとて間違いが皆無という保証はない。多くの情報に当たり、正確を期すべきである。いくつかの雑誌記事は繋ぎ合わせて、もっともらしい筋書を作っても、歴史にはならない。ましてや、インターネット情報などは、あくまで参考程度に留めるべきである。[注2]

（7）過去の歴史を無批判に賛美することは、極力避けなければならない。
　　歴史は客観的に淡々と記述し、過去の栄光に浸る人達の「業績」も、あくまで、史実に基づき、正当に評価すべきである。

　本来ならば、さらに、トータルなアーカイブ構想を提案すべきなのだが、筆者の力量を越えるテーマなので、後進の諸氏によるシステム構築を期待したい。

　幸いダイムラーという最適なベンチマークがある。彼らの歴史保存のシステム・手法と思想を徹底的に研究して、自分たちにとって、よりよい仕組みを作り上げてほしい。

クルマで振り返る、トヨタ70年の歴史。

～第3章～
トヨペット・クラウン
TOYOPET CROWN
（1955年）

国際化の足がかりとなった海外ラリー出場と対米輸出

▲ トヨタのモータースポーツの始まり、「第5回豪州一周ラリー」。ドライバーは、東京トヨペットの神之村邦夫さんと、トヨタ自販（当時）の近藤幸次郎さん。砂漠、荒野など19日間で1万6千kmを走破した。

▼ 国産乗用車として初めて、対米向けにサンプル輸出されたクラウン

1957年、日本の自動車業界に「第5回豪州一周ラリー」の参加要請が届いた。国際ラリーに招待されるのは業界始まって以来のことだった。しかし、過酷なことで有名なラリーだけに、業界では、国産車の耐久性に自信がなく、しり込みする空気が強かった。その中でトヨタは、「出てみなければ分からない。失敗を恐れたら進歩はない」との決断で、同年8月、1台のクラウンを参加させた。結果は、参加車102台中、総合47位、外国車では3位。一躍、クラウンの名を世界に広める出来事となった。

同年同月、2台のクラウンが米国に向けサンプル輸出された。当時の米国は小型車人気から欧州車の輸入が急増、遠からず輸入車規制の動きも見られた。規制の前に少しでも実績を挙げ、対米進出の足がかりを築くのがトヨタのねらいだった。しかし、輸出開始からわずか2年で販売は中止。理由はクルマの高速安定性欠如だった。日本の悪路用に設計されたクラウンは、高速道路が整備されている米国では不適格だったのだ。しかし、この苦い経験をトヨタは、4年後の新型コロナに生かし、本格的な海外進出につなげていった。

トヨタ社内報「クリエイション」（2007年6月）で紹介された豪州ラリーのクラウン
限られた機会やスペースではあっても、史実をきちんと記して後世に伝えていくことが、モータースポーツに関わる自動車メーカーの使命だろう。

注・第4章

注1

明治の歴史家、重野安繹(1827年〜1920年)は、史料の価値について、次のように述べている。

「抑 修史ノ材料ハ古文書・日記ヲ以テ最上トス、従前史家ノ拠ル所ハ大概戦記物語ノ類、後人ノ手ニナルモノニシテ、附会潤色信ヲ取ルニ足ラス」

これは実証的な近代歴史学の基礎となる見解である。また、自動車史家の五十嵐平達氏(1924年〜2000年)はトヨタ博物館の展示体系の監修者であり、晩年までヒストリカル・アドバイザーとして館員を指導し、特に調査時の「三点観測」の重要性を説かれた。残念ながら、筆者は氏の謦咳に接する機会はなかったが、この考えは歴史研究の際の自分の基本的な指針となった。筆者なりの解釈で言えば「三つの独立した情報源から、最も確かな客観的事実に迫る」ということだろう。

誤った資料から引用した記事・論文は当然誤りである。それは時を経るに従い、増殖していくものなのだ。

注2

以下に、情報は極力当時の「原典」に当たり、後世に再検証が可能な形で記述・記録されるべきであり、記事を無批判に受け入れてはならないという実例を挙げる。

次の記事は、2006年発行のある本の一節である。(下線筆者)

「(1957年)8月：トヨタ自動車販売、豪州一周ラリーにクラウンで参加。主催者からの誘いを受けて1台が挑戦。海外のスポーツイベントへの国産車による戦後最初となるもの。どのような準備が必要かも分からないまま19日間16000kmの走行、道に迷いエンジントラブルなどでタイムオーバーとなった。<u>完走にはならなかったが</u>、ゴールまではたどり着いた。好成績ではなかったことから<u>宣伝には使われなかった</u>。写真［豪州ラリーに参加したクラウンの<u>ゴールシーン</u>］」

「完走にはならなかった」というのは全くの事実誤認で、「完走証」の原本が現存する。それには、下記のように記されており、トヨペット・クラウンの「完走」は明白である。

1957

Mobilgas Rally

[Round Australia]

<u>CIRTIFICATE OF PERFORMANCE</u>

THIS IS TO CIRTIFY THAT THE FOLLOWING COMPETITOR

COMPLETED THE 10.500 MILE, 1957 MOBILEGAS RALLY (ROUND AUSTRALIA)

21ST AUGUST-8TH SEPTEMBER, 1957

CAR	1957 TOYOPET CROWN DELUXE
ENTRANT	TOYOTA MOTOR SALES CO., LTD
DRIVER	KUNIO KAMINOMURA
CO-DRIVER	KOJIRO KONDO
NAVIGATOR	LINDSEY HEDLEY
	VACUUM OIL COMPANY PTY. LTD

なお、当時の『日刊自動車新聞』(1957年10月8日)にも、「完走証」の写真が掲載されており、「ラリー完走記念賞状」とキャプションが付けられている。

さらに、「公式結果」として "1957 MOBILGAS RALLY (ROUND AUSTRALIA) Official Placings and Points Lost." も現存し、トヨペット・クラウンは47位、減点1,515と明記されている。また、非完走車34台は "ENTRANTS NOT COMPLETELY FINISHING COURSE." として別に掲載されている。もちろん、そこにクラウンの名前はない。(第2章、注4参照)

それに「1957年の結果が好成績ではなかったため、宣伝には使われなかった」というのも、事実に反する。

まず、トヨタ自販販売拡張部(宣伝部に相当)は、ラリーの前後を含め、1957年8月14日から9月17日の約1ヵ月に34件のプレスリリースを出している。8月以前にすでにプレスリリースを始めた形跡があるので、総数40件程度の告知があったと思われる。さらに、1日に3件のリリースを出した日が3日もある。これは一つのプロジェクトとしては、極めて異例の数である。

自販が直接宣伝に使った例を挙げると、販売促進の資料

として『国際レースとトヨペット』という12ページのカラー小冊子を制作し、クラウンの活躍やエピソードをまとめ、販売店等で活用した。

一方、一般メディアへの露出はかなり多く、『日刊自動車新聞』はラリーの2ヵ月前から、概要について紙面の半分を使って紹介。ラリーが始まると、連日の速報の他に「豪州ラリー遠征記」を数回にわたり掲載、帰国後のドライバーの対談記事は5回、新聞2ページ分にも及んだ。

『モーターファン』、『モーターマガジン』、『週刊東京』、『週刊女性』、それに『中学生の友』にまで取り上げられ、NHKの「婦人の時間」にはドキュメンタリー番組「走行一万哩(マイル)」として放送された。

すなわち「好成績ではなかったため、宣伝には使われなかった」というような状況では、全くなかったのである。また、掲載写真は「(メルボルンの)ゴールシーン」の写真ではなく、西海岸の「パース」到着時の写真である。1957年9月10日付の『日刊自動車新聞』で「トヨペット・クラウン 豪州ラレー(ママ)に完走」と題する記事に同じ写真が使われており、「深夜、パースの町に入って大歓迎を受けるトヨペット」というキャプションが付けられている。

それに、走行距離を16,000kmと記述している資料が、当時の記載でも多数見受けられるが、正確には10,563mile×1.609＝16,996km(≒17,000km)である。1,000kmの誤差は東京から北九州までの距離に相当し、無視しうる距離ではない。文字通り、命がけで走ったドライバーの方々に対して、まことに鈍感で失礼な話である。

「完走」に関するもう一つの事例に次のようなものがある。1958年発行のある広報誌である。

「なお国産車は昨年(1957年／筆者注)も出場したが、公式に完走を認められたのは今年のダットサンが始めて(ママ)だった」

しかも、これは後に書かれたものではなく、同時代の記事であるが、前述の1957年豪州一周ラリーの結果が、その後訂正された(クラウンの「完走」が取り消された)という記録は見当たらない。

上記、2件の記事の情報は、一体どこから得られたのだろうか。

また、片山豊に1年間取材して執筆されたという、新井敏記『片山豊 黎明』にも、次のような記述がある。「(オーストラリア・ラリーに関する外国の新聞を見て)その記事には、同ラリーに参加している国内メーカーのことも出ていた。途中事故に遭って棄権していたが、トヨタ・クラウンが既に出場していたのだ」

また、1958年発行の『自動車ガイドブック』「豪州ラリー」には、次のような個所がある。

「1日平均850キロ、東京から広島県福山市までノンストップで走らなければならない。<u>平均時速120キロで30時間もぶっ続けに走ることもあるくらい激しい</u>……」

しかし、このようなことはあり得ない。時速120キロで30時間といえば、3,600kmとなる。このように長い航続距離の車は現在でも存在しない。30時間を、ぶっ続けで走るなど、不可能である。

前段の850キロの航続距離についても、RSDクラウンのタンク容量、45ℓ＋予備タンク(90＋25)ℓ＝169ℓから算出すると、約5km/ℓの燃費が必要となる。装備等で1,700kgにもなった48馬力の車で、岩石・砂漠・泥濘の悪路を燃費5km/ℓで走行するのは無理というものである。

おそらく、いずれの記事も執筆者が選手たちの悪戦苦闘振りを誇大に表現したのであろう。

原典や史実に基づかない、あるいは理屈に合わない記録を後世に残してはいけない。

参考文献

『TOYOTA Technical Review』(Vol.47 臨時増刊号 特集モータースポーツ)トヨタ自動車(1997年)

トヨタ博物館企画展図録『疾走するマシンとその軌跡〜モータースポーツの世界』トヨタ自動車(2003年10月)

伊東和彦「自動車技術文化史──自動車の発展を社会の変化と関連付けて考える──」(2015年)

「ホンダコレクションホール誕生秘話」『Racing on』三栄書房(2016年11月号)

『日刊自動車新聞』(1957年9月10日)

『自動車ガイドブック』自動車振興会(1958年)

『LIGHT CAR』日産自動車(1958年11月号)

『日産自動車三十年史』日産自動車(1965年)

GP企画センター『日本自動車史年表』グランプリ出版(2006年)

山田風太郎『人間臨終図鑑』徳間書店(1996年)

新井敏記『片山豊 黎明』角川書店(2002年)

「日本車初の海外ラリー参戦」『Goods Press』徳間書店(2004年10月号)

御堀直嗣「モータースポーツで活躍した歴代マシンを動態保存しようというトヨタの活動とは?」『ノスタルジックヒーロー』芸文社(2005年2月号)

飯間浩明『辞書を編む』光文社(2013年)

内田樹「武雄市立図書館への疑問」『AERA』朝日新聞出版(2015年8月24日)

ジョシュア・ハマー(梶山あゆみ訳)『アルカイダから古文書を守った図書館員』紀伊國屋書店(2017年)

第5章

後世に伝えたいこと

歴代トヨタ・トップの
モータースポーツに対する想いと
言葉を伝えたい

第1回日本グランプリ、ツーリングカー1600〜2000ccレース（1963年5月4日）
国産大排気量車16台の激闘。ニッサン・セドリック、いすゞベレル、プリンス・グロリア、フォード・タウヌス等を降して、1列目左側スタートの多賀弘明選手のトヨペット・クラウンが優勝した。

この章では、後世に記録として継承していきたい事柄を記す。

1　トップ語録

トヨタのトップの方々は、モータースポーツに関する含蓄のある様々な言葉を残している。このまま放置すれば、早晩、歴史のかなたに消え去ってしまう。これら、筆者が今まで直接間接に見聞きしてきた言葉は、まぎれもなく記録として後世に伝えていくべきものと考え、紹介する。（文中敬称略）

■1973年の第1次オイルショックで、トヨタはモータースポーツの開発・活動の中止とモータースポーツ専門組織である第17技術部の廃止が決定された。

そこで、WRCを戦っていたTTEのオベ・アンダーソンを日本に呼び寄せ、慰労のための昼食会をトヨタ鞍ヶ池記念館で行なうことになった。出席者は豊田章一郎副社長・森田正俊技術担当重役・林幹夫自販販売拡張担当重役・福井敏雄（ヨーロッパ部）・平田篤介（販売拡張部）。当時、自工は主に開発を自販は活動全般を担当していた。

昼食会の直前、福井が豊田副社長に「今、モータースポーツ活動を止めると、再開は極めて難しくなります。なんとか火を灯し続ける手はないものでしょうか」と直訴した。

昼食会の席上、豊田副社長は「福井君、気をつけて正確に通訳してくれ」といって、突然次のように話し始めた。

「モータースポーツはやめない方がいいという意見もある。私はトヨタ自動車の役員であるけれども、役員会の決定を覆す力はない。しかし、どうせやめるのなら、財産の処分をしなければならない。在庫部品をどう処分するかは、技術部門の総責任者たる私の権限だ。だから、処分先は私が決められる。処分先を自販にするから、あんた方やらんかね」

アンダーソンは何のことやら状況が理解できず、きょとんとしていた。林重役は突然のことにびっくり仰天した。自販に戻り荒木信司専務に報告したところ「よくやった！　それなら予算をつけて、しばらくは自販でやろう」ということになった。これでアンダーソンの首はつながり、1983年のWRC再開までの雌伏10年を経て、その後のTTEの破竹の活躍、WRCのチャンピオン、TMGの設立（トヨタの子会社化）、ル・マン、F1へとトヨタのモータースポーツの歴史を創っていくことになる。

アンダーソンは2003年に引退の後、2008年、移住した南アフリカの地で不慮の事故のため70歳の生涯を閉じた。

■1995年、TTEのWRCレギュレーション違反に対して、FIAはその年の獲得ポイントの剥奪と翌年1年間のWRCへの出場停止を決定、トヨタはさらに＋1年の出場自粛を決めた。当時の豊田英二名誉会長・章一郎会長の言葉である。

「ある生徒が校則違反をしたとする。彼を『退学』処分する手もある。だが『退学』だと名誉回復のチャンスはない。だから、今回のTTEについては『停学』処分としよう。その間、『復学』に向けて、次期車両の開発には金を使ってよろしい。『復学』して胸を張って『卒業』すべきだ。それがトヨタの世界企業としての企業倫理だ。アンダーソンは20年間、トヨタのために懸命に頑張ってきた。胸を張って歩けるようにしてやれ」

当時、モータースポーツ部長であった櫻井鎮哉は後年次のように述懐している。

英二さんが「＋1年の追加ペナルティ」を、章一郎さんが「停学」といわれたという。それを加藤伸一常務から聞いて、ある意味でありがたかったし、身が引き締まった。トップのこの英断がなければ、今のF1はなかった。トヨタは継続性や蓄積を非常に大事にする会社だと思う。（2004年2月）

■1988年、トヨタ7以来の本格的レーシングカー、トヨタ88C-Vがデビューした。松本清副社長が、ジャーナリストの舘内端氏のインタビューに応え、当時

の広報資料に掲載された言葉。

　「かつて、昭和40年代、開発をヤマハに委託していた頃は、技術やノウハウがトヨタにはあまり残らなかった。その後、オイルショックや燃費問題を経て、自動車業界が立ち直り、モータースポーツの機運が徐々に盛り上がって来た時、今度は小規模でもいいから、自前でやろうと思った」

　加藤伸一元副社長の話によると、松本さんは「今度は自分たちで技術を磨いていくから、もう一回（モータースポーツを）やらせてほしい」と英二さんを説得したとのこと。加藤は「松本さんは、トヨタモータースポーツの中興の祖だ」という。

■金原淑郎元副社長はTTR（1995年）への寄稿文のなかで次のように述べている。

　「自動車は単なる移動手段ではなく、人が操り、楽しむことができ、心地よい振動や音があって、人の心を揺さぶるような感動を与えるものでなくてはならない。この人類の夢とロマンを実現するのが、自動車の開発に携わる者の責務である。このロマンの極致にあるものが自動車レースであり、ル・マン24時間レースである。理屈ではない。ル・マンに参加し、勝つことが自動車に関心を持つ人たちの純粋な願いなのである。
　"ル・マン24時間レースで優勝を勝ち取ろう！"」

■加藤伸一元副社長は、2004年3月のインタビューで次のように語っている。

　「勝つ要領が分からないと、五里霧中、手探りで勝てるレベルを探っているような気がする。勝って雲が晴れてみると、『おお、結構いいところまできてるな』ということがわかる。だが、一所懸命、真っ暗闇の中で、目をつぶってやってる時が一番大事な時であって、知らないうちに雲が晴れて高い山に登っていたということに気付くのだ。勝利への過程のほとんどが準備期間で、その暗中模索の中で力をつけていく。これは人の生き方でも同様だ」

　「奥田（碩）さんは、専務時代から事務屋さんで唯一のモータースポーツの理解者だった。（自分が）役員になってすぐ、松本（清）さんから、『困ったら、奥田君のところに行け』といわれた。奥田さんは勝てない時にも、えらく応援してくれた。たまに勝つと、『おお、よかったなあ』と励ましてくれた。いろいろ困ったことがいっぱい起きたが、ほとんど奥田さんに助けてもらった。『すげえ親分が来たな』と思った」

　「F1の参戦決定は禅でいう所の『啐啄同時』だった。親鳥が卵をつつくのと、雛が孵るときにつつく場所を同時にピーンと当てたんだ。下地はできていた」

　1997年6月の東富士研究所での「奥田社長ミーティング」には、奥田碩社長、加藤伸一専務、冨田務重役の他、関係各部の部長・主査・室長等10名が出席し、ここでF1参戦の方向が事実上固まった。まだ、米国CARTで悲惨な状況が続いている中でのことだった。

　筆者がモータースポーツに関わった時代のトップの方々は、私たちが這い上がってくることを実に忍耐強く、待っていてくれた。失敗しても、何度か再挑戦の機会を与えてくれた。

　オベ・アンダーソンは筆者とのメールによるやり取りの中で、トヨタと共に過ごしてきた30数年を振り返り、次のように述べている。

　「トヨタとの仕事を通じて、最も印象的だったのは、トヨタが私たちの将来の成功に対して非常に大きな信頼と確信を寄せてくれたことです。どんな大きな問題があっても信頼を維持してくれたことが、私に限りない力を与えました。トヨタと仕事をすることは、"家族"の中で仕事をするようなもので、そこでは母親の眼差しが"家族"全員に注がれているかのようでした」

　思うに、「辛抱や我慢という"待つ時間"を体験してしか、人間の精神は育たない」（小出宣昭『中日新聞』2005年1月15日）

　待つことは、決して非効率で無駄な行為ではないのだ。

2 「豪州一周ラリー」で出会った人々

　豪州一周ラリーは、筆者にとって、歴史研究の原点ともいえる。その間、多くの方々に巡り合い、貴重なお話やご指導を数多くいただいた。以下は、特にお世話になった方々との関わり合いのひとコマである。

神之村邦夫氏

　1999年の秋、既存の資料をもとに『トヨタ博物館紀要』の初稿を書き終えたころ、旧知の大坪善男氏を通じて、豪州一周ラリーのドライバーだった神之村邦夫氏が東京在住であることを知り、ご紹介をいただいた。その後、手紙と電話による交信が始まり、年末には原稿に加筆修正を行ない「日本車初の海外ラリー　初代トヨペット・クラウンの苦闘（その１）」として脱稿、翌2000年２月発行の『トヨタ博物館紀要』(No.6)に掲載された。

　神之村氏とは事実関係での頻繁なやり取りがあった。一例を挙げれば、クラウンはラリー中にエンジントラブルで、大幅なタイムロスを余儀なくされたのだが、神之村氏の記憶では、発生場所はパース（オーストラリア南西部）の後、ダーウィン（北部）に行く途中とのことであった。しかし、既存の資料、走行距離から計算すると、どう考えてもパース近郊ではないかと推定された。神之村氏は当時の写真を隈なくチェックし、一枚の写真の裏側に「（パース近郊の）アルバニーの近く」とメモされていることを発見、筆者の推定が正しかったことが証明された。

　おかしなもので、その途端にトラブル発生個所がパース近郊であることの証拠が次々と出てきた。神之村夫妻からは「松本さんは、裁判官みたいな方ですね」と冷やかされた。

　神之村氏に直接面会して、話を伺ったのは『紀要』発行後、2000年５月のことであった。夫人を交えての面談は１時間半に及び、約1,000枚の写真アルバムと関係資料を見せていただいた。これらの資料は、後に、トヨタ自動車に寄贈され、今も大切に保管されている。

　神之村氏は、自分たちが海外ラリーの先達だったにもかかわらず、その後の日産の活躍やワークス活動の陰に隠れて正当な評価を受けてこなかったことをたいへん口惜しく思っていた。この調査・報告によって豪州一周ラリーが再認識され、正当に評価されたことを、涙を流して喜んでいたと後に聞いた。2000年から2002年の間、『紀要』には、3編の豪州一周ラリー関係の論文を掲載した。

近藤幸次郎氏

　もう一人のドライバーの近藤幸次郎氏と神之村氏はしばらく音信が途絶えていたが、たまたまトヨタ博物館を訪れたトヨタOB（当時、トヨタ住宅社長加藤哲也氏）が近藤氏のご近所（愛知県刈谷市）であることが判明、2000年８月に面会することができた。

　近藤氏からも当時のトヨタのニュース・リリース（全39ページ）、販促資料、ロードマップ、主催者発表の公式結果、新聞・雑誌記事のスクラップ、完走認定証等の貴重な資料を寄贈いただいた。

　神之村氏にも近藤氏の消息を伝えた。両氏が連絡を取り合ったことは言うまでもない。10数年ぶりであったという。

　トヨタのモータースポーツの歴史が、1957年の豪州一周ラリーから数えて、50年を迎えた2007年の６月、世界最大のクラシック・モータースポーツ・イベント「2007 Goodwood Festival of Speed」にトヨタがメインスポンサーとして参加するに当たり、クラウンのラリー出場車を複製・再現して出展した。製作途中、チェックのため、横浜のトヨタテクノクラフトに神之村邦夫ご夫妻をお招きした。複製ではあったが、懐かしそうにクラウンを検分する姿が印象的であった。愛知県のトヨタ博物館に復元車を展示した際は、刈谷市在住の近藤幸次郎氏にもご覧いただいた。

　その他、各種イベントにも幾度かご参加いただいた。

長谷川弘輝氏

　当時、トヨタ自販販売拡張部でこのラリーの企画を担当した長谷川弘輝氏も消息がつかめなかったが、岩手のトヨタ関連会社（トヨタ部品東北共販）の社長をしていたことを突き止め、同社の人事部に調べてもらい、連絡が取れた。筆者が『紀要』に書いた豪州一周ラリーの記事は、すべて間違いないといっていただいた。引退後は、たまたま神之村氏の近所にお住まいで、二

人は何十年ぶりに旧交を温めたという。

長谷川氏からは、晩年、ご病気を押して何通かのお手紙をいただいた。筆跡は判読が困難なほどに乱れていた。

その他の人探しに関しても、特に親身になって探索していただいた海外関係OBからの情報はありがたかった。1958年の2回目の豪州一周ラリー参戦時のマネージャーは、守屋経郎氏ではないかということまでは突き止めたが、消息がつかめなかった。海外OBの相川義治氏、黒坂貞夫氏から守屋氏の部下だった宮地俊雄氏(元ドイツトヨタ社長)に連絡をつけてもらい、宮地氏から直接、守屋氏に確認してもらったところ、守屋氏が確かに豪州一周ラリーに行っていたことが判明した。ちなみに宮地氏は1963年にサファリ・ラリーや海外レース等の調査のため、河野二郎氏、神之村氏と一緒にアフリカ、ヨーロッパを旅したという。

小西明氏

1958年、2度目の豪州一周ラリーで、神之村氏とコンビを組んだのは、後に京都トヨタの副社長となった小西明氏だった。1997年、TTRを刊行した時、豪州一周ラリーの短い記事と戦績の欄に載せた「神之村／小西リタイア」という、たったこれだけの記述に感激して、直接、筆者に電話連絡をしてきたのだ。衰えることがなかった氏の「熱い想い」にかえってこちらの方が感銘を受けてしまった。

その当時の小西氏からの礼状には、次のように書かれていた。

　早速、(TTRを)拝見させていただきましたところ、トヨタモータースポーツの草分けとして、豪州ラリーの記事があり、また、巻末には小職の名前まで掲載されておりました。1958年8月、トヨタの代表として参加させていただきましたが、40年経った今、こうして記事を読ませていただいているうちに、懐かしさというより、往時がそのまま蘇ってくる感動を覚えました。

小西氏には何度か京都へのお誘いを受けたが、その前にお亡くなりになり、果たせなかった。「とうとうお会いできなかった……」と私の落胆は大きかった。後日、神之村氏からも「小西さんには、会っておくべきだった」といわれた。

その後、小西家ご遺族から豪州一周ラリーの当時のアルバムを借用し、複写させていただいた。

東郷行泰・美作子ご夫妻

1958年の日本一周読売ラリーの優勝者で、その年の第6回豪州一周ラリーに派遣された東郷行泰氏(元米国トヨタ社長)も生前にお話を伺えなかった。氏とは、筆者の米国駐在直後の1977年末にカナダのご自宅を訪問したり、1990年前後に鈴鹿サーキットのレース観戦でご一緒したことがあった。

その後、著書の『ハンドルは生きている　豪州ラリー駆けある記』(1959年)で豪州一周ラリーの詳しい様子を知り、『紀要』(No.8　2002年)にその要旨を掲載した。しばらくして、美作子夫人がハワイでご健在なことを知り、関係資料をお送りしたところ、ご丁重なお手紙をいただいた。

猪本義弘氏

2003年、縁あって知遇を得たクルマのテクニカル・イラストレーションの第一人者、猪本義弘氏に各種資料を送ったところ、著書とともに丁重な手紙をいただいた。氏がマツダを退社して日産に入社したころは、豪州一周ラリーに出場したクラウンとダットサンの話題で持ち切りだったという。

「今にして思えば、当時のあの重いボディに非力なエンジンで、よくも海外まで出かけて行ったものだと感心する。しかし、未熟ではあったが、自分たちで改造したり、クルマに夢中になれた幸せな時代だった」と懐かしんでおられた。

『紀要』や広報誌に掲載された筆者の論文・記事に関しては、充実した内容とダットサンまで公平に扱っている記述に対して、好意的な評価をいただいた。

ジョン・マーン氏

豪州一周ラリーに関する記事を3回にわたって、オーストラリアの自動車雑誌『AUSTRALIAN Classic Car』誌に掲載してくれたジョン・マーン(John Murn)氏(ニューサウスウェールズ州教育局)も忘れられない

友人である。

2003年、ご家族でトヨタ博物館を訪れた際、たまたま筆者が案内し、豪州一周ラリーが話題になって、意気投合したのであった。彼は本業の傍ら、この雑誌に時折記事を寄稿していた。

『紀要』の原文のラフな英訳を薫夫人が行ない、マーン氏が再構成、筆者と何回かやり取りをして、2005年に3篇(計9ページ)の記事にまとめて掲載してくれた。来日時に神之村・近藤両氏にインタビューした記事も含まれる。

豪州一周ラリーから半世紀、初代トヨペット・クラウンの遠征の地オーストラリアの自動車雑誌に、その活躍の足跡が掲載されたのは、感慨深いことだった。神之村・近藤両氏にも大層喜んでいただいた。

全くの余談だが、筆者の資料を英訳してくれた薫夫人の実家は、筆者が住んでいた三島市のアパートからクルマで5分ほどの近所にあった。また、2005年、来日中のマーン氏と筆者は神之村氏のご子息の結婚式に招待を受け、祝辞を述べる機会までいただいた。これも奇しき縁であった。

大坪善男氏

筆者をモータースポーツの歴史の世界に、引っ張り込んでくれた大坪善男氏は、大恩人である。彼は、1960年代に活躍した元トヨタのワークス・ドライバーで、1970年に映像制作会社ユニオンプロジェクトを設立、モータースポーツ関係の映像、CMや映画製作等で幅広く活躍した。

大坪氏に初めて会ったのは、1983年のWRC1000湖ラリー、セリカツインカムターボのデビュー戦だった。彼は、撮影のためフィンランドに来ていたのだ。

1994年になって、TTRでトヨタのモータースポーツの歴史をまとめるときに、彼に映像の制作を頼んだ。彼の制作にかける情熱は半端でなく、編集作業は幾度か深更に及んだ。この映像「トヨタモータースポーツ史 限りない感動と夢を求めて」は、文字通り感動的な作品となり、社内外から高く評価された。

映像のエンディングで、彼は豪州一周ラリーを引き合いに出し、次のように締めくくってくれた。

第1回日本グランプリ以来、モータースポーツに携わってきたたくさんの人たちがいる。
クルマが好きで、みんな夢を追いかけた。
留まることを知らない、レースやラリーを愛し、情熱をかけた人々。
多くの人々が豪州一周ラリーから始まったトヨタモータースポーツの歴史を走り抜けてきた。

大坪氏は、筆者などよりもはるか以前に、神之村氏たちの偉業(歴史的価値)を認識して、筆者に紹介してくれたのだ。豪州一周ラリーは筆者にとって、歴史研究の原点となった。

氏との親交はそれから20年、彼が亡くなるまで続き、数多くの知人・友人を引き合わせてくれたが、2013年6月8日、73歳で波乱万丈の生涯を閉じた。

伊東和彦氏

2度目のモータースポーツ部勤務だった2005年、『SUPER CAR GRAPHIC』の編集長だった伊東和彦氏の訪問を受けた。彼は、筆者が『トヨタ博物館紀要』に書いた記事を読んで、同誌への執筆を依頼に、トヨタの東富士研究所まで来られたのであった。

同誌には、『紀要』をもとに、加筆・再構成して、「忘れられたレーサー～トヨペット・レーサーの姿を追う～」(2006年6月)および「日本車初の海外ラリー──初代トヨペット・クラウン、1957年豪州一周ラリーで健闘す」(2006年12月)が掲載された。

数ある自動車雑誌の中でも、同誌のような一流誌に記事が掲載されたことは、豪州一周ラリーの認知に少なからざる貢献があったのではないかと思う。

その後現在に至るまで、伊東氏とは親しく交流を続け、多くのことを学ばせていただいている。

豪州一周ラリーの調査・執筆が沢山の人たち、長年音信が途絶えていた人たちを再び結び付けた。豪州一周ラリーに関係した先輩方のネットワークができたことは、自分にとって望外の喜びであった。

半世紀前のたったひとつの海外ラリーの調査にも、様々なドラマが生まれ、人脈が拡がっていったということである。

3 モータースポーツに携わる人たちの想いを言葉に

TTRと『トヨタモータースポーツ史』の最終ページには、下記のような筆者自筆の言葉が載せられている。

For the efforts of the uncompromising
May joyful tears crown the rush of victory
And may tears of anguish honor in defeat
Souls that fought with the true spirit.

Denen, die alles gegeben haben,
Sollen Freudentränen
Den Sieg krönen,
Wahrend jenen,
Die doch leidenschatlich gekämpft haben,
Die Niederlage Tränen
Trost spenden warden.

この言葉は以前から、モータースポーツ部の他に、インディを戦っていたTRD・USAやF1に参戦していたTMG（独）のオフィスにも掲示されていた。現在も、掲げられている。

このような情緒的な文言は、客観性や合理性を旨とする歴史記録にはふさわしくなかったかもしれないが、モータースポーツに直接関わる人たちの率直な気持ちを表現する言葉として、あえて両誌に挿入したのである。

TMGでの掲示の際、当時のモータースポーツ部長、木下美明君の発案で、現地のバイリンガルに英語とドイツ語に翻訳してもらい、いっしょに掲示することになった。英訳は、旧知の小宮寧氏（元トヨタ自動車海外企画部）、独訳はマリールイーゼ・マミッシュ（Marieluise Mammitzsch）のお二方によるものである。

訳出に当たっては、日本人、外国人双方に、分かりやすく、人の心を打ち、なおかつ格調の高い訳文をお願いした。

欧米人にこのような日本人的感覚が分かってもらえるのか心配だったが、現地のスタッフたちもよく理解してくれたと聞き、安心した。

もともと、この言葉を書いたきっかけは、度重なるル・マン24時間レースでの敗退だった。

ある年のル・マンで惨敗を喫した時、現場で社内の事務系の人間から、「恥、かかせやがって！」という言葉を、吐き捨てるように浴びせられた。あの時の口惜しさは今でもはっきりと覚えている。その想いを書きなぐったものだ。

そのしばらく後、『TTR特集モータースポーツ』を編纂していた時、たまたま余ってしまった最終ページを埋めるために挿入した。

そして1996年、CART（アメリカのフォーミュラタイプのレース）でアメリカ駐在することになった木下美明君にはなむけの色紙として贈った。彼らはそこで文字通り血の滲むような苦労をすることになるのだが、このつたない色紙を異国のオフィスの壁に貼って、頑張っていると聞いて、胸が熱くなった。

彼は後に、雑誌の取材で「負けそうになったときには、これを見て勇気づけられた」と述べている。その時の取材記者も「トヨタのモータースポーツに対する情熱がよく表現されており、感銘を受けた。木下、松本両氏の熱い想いが伝わってきた。苦労したんだなと思った。この想いを読者にぜひ伝えたい」と語っていたという。

2000年6月5日、CARTミルウォーキー戦で、ついに初優勝を獲得し、木下や日本でエンジン開発にかかわっていた連中から、トヨタ博物館に異動していた筆者のもとに次々とメールが入ってきた時の感動は今で

も忘れられない。
「松本さん、やっと勝ちましたよ！」
パソコンを見つめながら、必死に涙をこらえて返信のメールを打っていた当時を思い出す。「みんな、ありがとう。よくやった。君らはすごい！」
会社の仕事で、感動の余り涙を流すなどという経験はそうできるものではない。
優勝祝賀のメールに、シカゴで搭乗待ちをしていた木下から、間もなく返信があった。「松本さんが書いてくれた色紙、まだ、大事に持ってますよ。長かったですね。本当に。色々な人が辛い思いをしたプロジェクトですが、これで一区切り、やっと付きました。これからも頑張りますので応援ください。車、博物館に飾ってくださいね。木下＠シカゴ飛行機待ち中」
2004年春、加藤伸一元副社長へのインタビューに同席したことがあった。長いモータースポーツとの関わりのなかで何が最もよかったかとの記者の問いに、しみじみと応えられた次の言葉が印象的だった。
「つらいことばかりで、何もいいことなんてなかった。……だが、CARTの初優勝は、最高の感激だった」
誰もがみな、同じ想いだったのではないだろうか。
2000年、CARTは全20戦中、5勝、翌2001年は6勝と、いつでも勝てる実力を付けていった。そして2002年には、19戦中10勝し、悲願の年間チャンピオンに輝いた。コンストラクター、ドライバーの両タイトルを獲得したのだ。1993年、エンジンの開発を開始してから、8年という、あまりにも長い歳月が流れていた。
木下はこの後、F1のプロジェクトに進むことになるのだが、この時期の彼の労苦と苦悩は、部外者の筆者にはとても想像することすらできない。

復元した豪州一周ラリークラウンとかつてのトヨタドライバーたちと。メガウェブにて（2007年9月22日）
後列：左から、大岩湛矢、大坪善男、松本秀夫、神之村邦夫、津々見友彦。
前列：左から、関谷正徳、見崎清志、藤本吉郎。

『トヨタモータースポーツ史』出版記念慰労会（2008年2月26日）
左から、舘信秀、多田文代、大坪善男、高橋利昭、見崎清志、多賀弘明、高橋晴邦、松本秀夫、松井誠。

トヨタ・モータースポーツ前史年表

年		トヨタ・モータースポーツ関係		トヨタおよび業界関係		一般事項
1946			1月	SA型小型乗用車試作完	11月	日本国憲法公布
			5月	隈部一雄、常務取締役としてトヨタ自工に入社		
1947			10月	SA型小型乗用車生産開始（9月、「トヨペット」名称決定）		
1948				R型エンジン開発開始	4月	WHO設立
1949			8月	「日本小型自動車競走会」発起人会	3月	ドッジライン発表
			11月	「全日本モーターサイクル選手権大会」開催 SD型小型乗用車生産開始	10月	GHQ、乗用車生産制限解除
					11月	湯川秀樹ノーベル賞
1950			2月	隈部、副社長就任		
			4月	トヨタ自販設立、自工の労働争議始まる		
			5月	「小型自動車競走法」発布		
			6月	労働争議、終結。豊田社長、隈部副社長ら退任	6～8月	朝鮮戦争勃発 朝鮮特需
			9月	クマベ研究所設立（隈部一雄の個人会社）		
	11月	自販宣伝部「レーサー企画案」を『オール・トヨタ』に発表				
	12月	自販宣伝課長原田寅吉、加藤誠之部長からレーサー製作指示される				
1951	3月1日	トヨタ自動車販売店協会役員会で、豊田喜一郎がオートレースに言及				
	3月	自販から各販売店社長宛に「トヨペット（SD）競走車製作に関する件」送付				
	5月	トヨペット・レーサー 1号車（大阪トヨタ）、2号車（愛知トヨタ）完成				
	5月13日	トヨペット・レーサー「日米対抗小型自動車競走」で展示とデモラン				
	5月14日	2号車、通産省・運輸省に披露・説明				
	5月24日	ト販協定時総会（名古屋・八勝館）にて、トヨペット・レーサーを展示。喜一郎、懇親会で「オートレース振興策」を披露				
	6月11日	自工社内報『トヨタ新聞』に「トヨタ・レースカー」の紹介記事が掲載される				
1952	1月8日	第1回船橋オートレース開催。初の四輪車レース。ダットサン、オオタ他12台出場、トヨペット・レーサーは不参加				
	1月	通産省自動車課から、トヨタに出場要請			2月	英エリザベス2世即位
	3月初旬	喜一郎「オートレースと国産自動車工業」脱稿				
	3月	トヨペット・レーサー改良案が議論される				
			3月27日	豊田喜一郎 逝去（享年57）		
	4月6日	座談会「故豊田喜一郎氏を偲んで」で、オートレースと喜一郎の関わりが、各氏から披露される			4月	サンフランシスコ平和条約発効、GHQ解消

年		トヨタ・モータースポーツ関係		トヨタおよび業界関係		一般事項
1952	4月	愛知トヨタ広報誌『愛知トヨタ』4月号に「オートレースと国産自動車工業」掲載される				
	4月	ト販協とクマベ研究所間でレーサー改良・製作の話まとまる				
	4月25日	ト販協役員会で、山口理事長から「神谷社長と相談し、レーサーの製作はクマベ研究所に委託」の旨、報告される				
	11月	クマベ製レーサーの試作完成が『流線型』誌に報じられる	12月	日産・オースチン提携 高速機関工業、オオタ自動車工業に		
1953	1月	第1号車(東京ペットワン)完成、船橋レースで、1、2着				
	2月	第2号車(東京ペットツウ)納入	2月	日野・ルノー、いすゞ・ルーツ提携		
			3月	東京トヨペット設立		
			6月29日	クマベ研究所有限会社化		
	8月	第3号車納入			7月	朝鮮休戦協定調印
			9月	R型エンジン搭載トヨペット・スーパー(RH型)発売	11月	日銀、金融引締め声明
1954	4月	第1回全日本自動車ショウにトヨペット・レーサー出展			3月	ビキニ水爆実験
	4月	トヨペット・スーパー・レーサー登場				
	5月25日	トヨペット・スーパー・レーサー、船橋レースで優勝(日経新聞社杯)				
		トヨタ、この年でオートレースを撤退か?(関連記事なし)				
1955			1月	トヨペット・クラウン(RS型)発売 クマベ研究所株式会社化		神武景気を迎える
1956					11〜12月	メルボルンオリンピックで、金メダル4個(競泳・体操・レスリング)
1957	春	日本自動車業界に「第5回豪州一周ラリー」への招聘状				
	6月	隈部一雄「レーサー試作の経験」が『モーターファン』に掲載される				
	7月4日	トヨペット・クラウンが豪州に向け出港	7月	トヨペット・コロナ(ST10型)発売	7月	なべ底不況迎える
	8月2日	神之村邦夫・近藤幸次郎両選手、羽田発	8月	クラウン米国にサンプル輸出		
	8月4日	同メルボルン着				
	8月21日	「第5回豪州一周ラリー」、スタート(シドニー)。出走68台				
	8月25日	スタート後、約5000km地点で、インテークバルブ折損				
	8月31日	北部のダーウィン着				
	9月4日	トヨペット、スタックしたシムカを救助(クイーンズランド州中央部)				
	9月8日	第5回豪州一周ラリー、ゴール(メルボルン)。完走52台。トヨペット47位、外国賞3位				
	9月22日	『トヨタ新聞』見開き2頁の特集「濠州一周ラリーをふりかえる」が掲載される			10月	最初の人工衛星スプートニク打上げ
	12月14日	トヨペット・クラウン横浜港に帰港				

年		トヨタ・モータースポーツ関係		トヨタおよび業界関係		一般事項
1957	末〜58年1月	交通博物館・白木屋デパート・名古屋豊田ビル等に巡回展示				
1958	1月	『トヨタ新聞』新年号で豪州一周ラリーが「1957年会社十大ニュース」7位に選定される				
	2月28日	トヨペット・クラウン「挙母本社」に里帰りする				
	3月	日産、第6回豪州一周ラリーへの参加を決定。4月末、試験車完成				
	4月21日	「第1回日本一周読売ラリー」開催告知	5月	スバル360発売		
	6月半ば	ダットサン富士号・桜号完成	6月	プリンススカイライン発売		
	6月15日	「読売ラリー」46台の参加車両、明治神宮絵画館をスタート	6月	トヨタの本格的対米輸出始まる		
	6月28日	3台のクラウン、2台のダットサン横浜港から船積み				
	6月30日	「読売ラリー」ゴール。東郷行泰・美作子夫妻が優勝、豪州派遣へ	7月	米国トヨタ営業開始		
	8月1日	トヨタ、日産の選手団、羽田を出発				
	8月20日	「第6回豪州一周ラリー」、スタート				
	8月23日	清水・西本車、セドゥナ付近で転覆、リタイアへ				
	8月27日	東郷車、カンガルーに衝突、リタイア				
	8月31日	神之村・小西車、岩に衝突、キャサリン手前でリタイア				
	9月7日	ダットサン富士号・桜号メルボルンにゴールイン。桜号はクラス優勝、総合34台中25位、外国賞3位。				
	9月11日	神之村・小西・清水・西本帰国				
	9月17日	日産チーム帰国。盛大な歓迎を受ける。				
	9月22日	東郷夫妻帰国	10月	名神高速道路着工(1965全線開通)	12月	東京タワー完成
1959	9月26日	「有名城めぐり自動車ラリー」(名古屋開府350年・名古屋城再建記念) 37台が名古屋城をスタート	8月	日産ブルーバード発売	11月	名古屋城再建される
	9月28日	伊勢湾台風の影響で、ラリー打ち切り			9月	伊勢湾台風
1960	4月28日	「第1回中日ラリー」開催告知	4月	日産セドリック発売		
	6月4日	50台の参加車がスタート。途中、トヨタ自工本社で歓迎を受ける				
	6月9日	ゴールイン、優勝は河島勇チーム。			12月	国民所得倍増計画
1961	4月28日	「第2回中日ラリー」開催告知				
	6月7日	33台が中部日本新聞社前をスタート				
	6月13日	名古屋テレビ塔前にゴール。河島チームの2連覇				
1962	11月17日〜21日	「ノンストップ100時間エコノミーラン」(自販協賛) パブリカ20台で福岡・広島・大阪・静岡・宇都宮・仙台・十和田・秋田・新潟・長野・東京間の2948kmを100時間走行し、燃費を競う。			10月	キューバ危機
1971			7月28日	隈部一雄 逝去(享年74)	8月	ニクソン・ショック
1973			5月	四輪車オートレース廃止決定	10月	第1次石油危機

生き残ったトヨペット・レーサー

　本書で紹介したクマベ製トヨペット・レーサーは、現役を終えた後に、トヨペットサービスセンターの倉庫で保管されていたと、弓削誠様（トヨペットサービスセンター元社長）が述懐しています。そして経緯は不明ですが、昭和40年代には、クマベ研究所で技術アドバイザーを務めておられた小早川元治様のご自宅で保管されていました。このことは、ご子息の小早川隆治様のご記憶と当時の写真によって明らかになっています。

　この時のトヨペット・レーサーは、既にオリジナルとはほど遠い状態であり、風雨にさらされて再生は困難な状態でした。そのトヨペット・レーサーの歴史的な価値を十分にご存知だった、河口湖自動車博物館 館長の原田信雄様が小早川元治様より譲り受けられてから、完全な状態にレストアされました。そしてこのトヨペット・レーサーは、現在も河口湖自動車博物館において大切に保管されています。

　日本では、愛好家によって維持・管理されるスポーツカーなどとは違い、このように特殊なクルマは、現役を終えると共にメーカーや保有者自身によって処分されてしまうことが多く、保存されることは数少ないのが実情です。トヨペット・レーサーは、日本の自動車史の伝承という視点からも大変貴重なクルマであり、本書では原田信雄様からのご了解をいただいて、数奇な運命を辿ったトヨペット・レーサーの経緯を、現在保管されている様子を撮影した写真を収録してここに紹介いたしました。

三樹書房　小林謙一

試走中のトヨペット・レーサーに乗る小早川元治様（提供：小早川隆治様）

小早川元治様宅に保管されていたトヨペット・レーサー（提供：小早川隆治様）

レストアされ、現存するトヨペット・レーサー（提供：原田信雄様）

おわりに

　1999年、16年間を過ごしたモータースポーツ部からトヨタ博物館に異動した際、当時の館長山本厚夫氏から、『トヨタ博物館紀要』に、モータースポーツについての執筆を勧められた。博物館での私の担当は広報・普及だったので、学芸員でもない自分が『紀要』に論文を発表するのは場違いな感もあったが、せっかくのお勧めなのでお引き受けした。

　最初のテーマは、「豪州一周ラリー」の調査・報告だった。その後も、「トヨペット・レーサー」、「中日ラリー」等について、計8件の論文を掲載した。

　「本書」の執筆の直接のきっかけになったのは、4編の「トヨペット・レーサー」の論文を読んだ、ある自動車雑誌編集者から、単行本としてまとめてはどうかと、勧められたことだった。そこで、「豪州一周ラリー」と「中日ラリー」を加えて、黎明期のトヨタのモータースポーツについて、総まとめをすることにした。併せて、先人たちの歴史をないがしろにし、歴史資料の廃棄がどんどん進められて行く現状に、強い危機感を抱いていたので、そういう風潮に一石を投じようと考えた。

　2014年、70歳でトヨタ博物館での勤務を辞め、まとめに着手したが、全資料の再点検に手間取り、何とか形になったのは、2017年初めくらいになっていた。

　幸い、同様なことを考えている友人たちが何人かおり、議論を深めつつ、原稿の校閲もお願いした。

　特に、松井誠氏(元トヨタ自動車モータースポーツ部長)を初めとする、OB、現役や編集者の方々のサポートと激励はありがたかった。

　齋藤武邦氏(トヨタ博物館)は、写真のとりまとめやトヨタ社内外でのアレンジなど、面倒な仕事を進んで引き受けてくれた。三樹書房の小林謙一社長をご紹介いただいたのも彼である。

　佐藤和代氏(旧モータースポーツ部)は歴史保存のために全力を傾け、廃棄寸前だった多くの貴重な資料を守ってきた。これらの資料がなければ、本書の完成はままならなかった。

　小林氏は、放っておくといずれ消え去ってしまう歴史を出版という形で後世に残そうと尽力されている今時稀な方である。そういう点、我々と思いを共有していたことは幸運であった。

　また、林信次氏および三樹書房編集担当の方々には、筆者の読みにくい原稿と数多くの写真を、適切に編集いただき、心から感謝申し上げたい。

　本書を、トヨタのモータースポーツの先駆けとして、苦闘された神之村邦夫氏、近藤幸次郎氏と筆者を歴史の世界に誘ってくれた故大坪善男氏に捧げたい。今からちょうど60年前、1957年に、お二方が参加された「第5回豪州一周ラリー」は、日本車が初めて参加した海外ラリーであっただけでなく、筆者にとっては、モータースポーツ史研究の原点であった。

　歴史には、「もし、あのことがなかったら、そして、あの人がいなかったら今の我々はない」ということが、しばしばある。

　後に続く人たちが、これらの先人たちの足跡を正しく認識し、新しい自分たちの歴史を築きながら、どちらも後世に継承していってほしいと切に願うものである。

"Those who do not remember the past are condemned to repeat it." (George Santayana)
「過去に学ばない者は、過ちを繰り返す」(ジョージ・サンタヤーナ)

　　　　　　　　　　　　　　　　　　　　　　　　　　「豪州一周ラリー」参戦60周年を記念して

　　　　　　　　　　　　　　　　　　　　　　　　　　　　　　　　　　　　　　松本秀夫

松本秀夫（まつもとひでお）

1944年、福島県生まれ。1968年、東北大学工学部機械工学第二学科卒業。同年トヨタ自動車工業㈱入社後、9年間、クラウン、マークⅡ、コロナ等の内装設計に従事。1977年、トヨタテクニカルセンターUSA（ロサンゼルス）に出向、競合他車の技術・構造調査、試作車の評価試験等に携わる。1983年、開発企画室のモータースポーツグループに異動。以後、16年間、モータースポーツ部にて、企画・開発、部総括（企画調整・予算管理・会議事務局）を担当。1999年、トヨタ博物館に異動し、広報・普及担当。2004年末定年退職後、再びモータースポーツ部に移り、トヨタモータースポーツの歴史編纂に当たり、2008年『限りない挑戦の足跡──トヨタモータースポーツ史 第1巻』を刊行。

その後、2011年～2014年、トヨタ博物館・ライブラリーにて、主として寄贈資料の調査・整理を行なう。その間、トヨタのモータースポーツの歴史に関する調査研究を続け、数々の論文や記事を『トヨタ博物館紀要』他の社内外の雑誌等に掲載している。

トヨタ モータースポーツ前史

トヨペット・レーサー、豪州一周ラリーを中心として

著　者　松本秀夫
発行者　小林謙一
発行所　三樹書房

URL　http://www.mikipress.com

〒101-0051 東京都千代田区神田神保町1-30
TEL 03(3295)5398　　FAX 03(3291)4418

印刷・製本　シナノ パブリッシング プレス

©Hideo Matsumoto/MIKI PRESS　三樹書房
Printed in Japan

※本書の一部あるいは写真などを無断で複写・複製（コピー）することは、法律で認められた場合を除き、著作者及び出版社の権利の侵害になります。個人使用以外の商業印刷、映像などに使用する場合はあらかじめ小社の版権管理部に許諾を求めて下さい。落丁・乱丁本は、お取り替え致します。

三樹書房の刊行書

戦前の日本のレース活動について、貴重な写真、資料とともにたどる

日本の自動車レース史
多摩川スピードウェイを中心として　1915-1950

トヨタ博物館元館長　杉浦孝彦 著

当時の関係者や博物館に保存されていた史料を丹念に分析、貴重な未発表写真や報道資料を収録して当時の様子を解説し、大正11年(1922年)の洲崎でのレースの時代から、わかりやすく時系列で紹介する。これらのレースは、本田宗一郎や太田祐雄など、日本の自動車界に様々な功績を残した先駆者たちの戦いの舞台でもあったのである。

B5判・上製　152頁(カラー折図付き)　定価：本体3,800円+税

日本のタクシー自動車史
自動車歴史考証家　佐々木烈 著

タクシー100余年の歴史を、明治時代にまで遡り、会社設立や運転手の養成、各時代のタクシーの実態などを、当時の図版や統計資料を駆使して、詳細に考証。巻末には、当時の新聞記事を長きにわたり収集、分析を行ない作成された「新聞記事にみるタクシー業界の出来事(大正14年から平成15年まで)」を収録した大著。

B5判／定価：本体3,800円+税

都道府県別　乗合自動車の誕生
写真・史料集
自動車歴史考証家　佐々木烈 著

現在のバスのルーツである乗合自動車。明治から大正にかけて誕生した乗合自動車(バス)について、車種や会社の設立経緯など、全国都道府県別に丹念に検証。当時の写真や広告の他、貴重な史料約300点を収録し解説する。

B5判／定価：本体2,800円+税

日本自動車史　写真・史料集
明治28年(1895年)-昭和3年(1928年)

自動車歴史考証家　佐々木烈 編著

明治28年から昭和3年までの日本の自動車産業に関する写真などを地道な調査で蒐集し、1300点以上を収録した類のない写真・史料集。今後の日本自動車史研究になくてはならない決定版。

B5判／定価：本体4,800円+税

人力車の研究
博士(文学)　齊藤俊彦 著

人力車は明治8年頃から各地に普及し、保有台数は爆発的に急増した。本書は元NHK資料部主査で自動車史家の著者が、人力車の発明、生産過程、当時の暮らしへの影響などを調査し、多面的に検証した大著。

A5判／定価：本体3,800円+税

アルファロメオレーシングストーリー
アルファロメオとエンツォ・フェラーリが築いた黄金時代
1910-1953

平山暉彦 著

日本でも多くのファンを持つアルファロメオのスポーティーなイメージを決定付けた、戦前・戦後期のレース活動について、5年余りの調査を経て日本で初めてまとめられた、アルファロメオのレース史。忠実に再現されたレースマシンのカラーイラストと解説でその活動の様子を年別に紹介。巻末には、本邦初となる詳細なレース結果を掲載。

B5判／定価：本体5,000円+税

メルセデス・ベンツ
歴史に残るレーシング活動の軌跡
1894-1955

宮野滋 著

多くの逸話とともに、今なお根強いファンがいる戦前・戦後期ベンツのレース活動を写真と共に解説する。メルセデス・ベンツ本社が保管する当時の写真から200点以上を厳選して収録し、巻末にはレース結果表も収録して資料も充実。2012年刊行の同書のカバーを人気の「300SLR」の装丁に一新して刊行する新装版。

B5判／定価：本体2,800円+税

全国の最寄りの書店やアマゾン等のネットショップからもご注文できます　三樹書房販売部(03-3295-5398)